読書とは何か

知を捕らえる15の技術

三中信宏
Minaka Nobuhiro

河出新書
046

Lego, ergo sum

（我読む。故に我有り）

プロローグ——世界は本に満ち溢れている

その日その日の生活の中で、いつもあるのが当たり前過ぎて、気にも留めないことは多々あるだろう。私にとっての「本」はまさに〝空気〟のごとき存在で、そこにあるのが当たり前で、なかったら即座に息絶えるにちがいない。しかし、その当たり前のものが自分にとって何だったのか。立ち止まってそのことをゆっくり考える機会はひょっとしたらなかったかもしれない。

私はこれまで30年以上にわたって農学系研究者としての人生を歩んできたので、自分の仕事に直結する専門書や論文は山ほど読んできた。しかし、たまたま他の同僚たちと比べて〝本の世界〟に深く沈み込む傾向がもともと強かったのだろう。気がつけば研究室は床からうず高く本の山が積み上がり、地震でもあればすぐに崩れてしまい、そのたびに事務方から「何とかしなさい」と叱られる始末だ。

本への〝オブセッション（偏愛）〟は長年にわたって私の中でひっそりと育まれてきた。だから、すぐ治せと言われて、はいそうですかと持病の〝書痴〟を治せるものではない。ずっとこのままともに生き続けるしかないにちがいないと私は観念している。

現在の出版業界は前世紀末以来の長期にわたる売上低迷にもがいているという。その一方で（だからこそと言うべきか）、新刊本の出版数は年間7万を超えるまでに増えているというから、これはもうひとりの読者がどんなに頑張っても読み尽くせはしない。読者のみなさんがリアル書店であれ、ネット書店であれ、店先をぶらぶら徘徊するだけで、山ほどの本が手招いてくる。世界は本に満ち溢れている。これはまぎれもない事実だ。

しかし、一読者にとっては、この日本で毎年何万冊の新刊本が出ようが、その何百倍もの既刊本があろうが、実際に手にして読もうとするのはその中のほんの一部だろう。自分が選んだ一冊の本をどのように読むかはすべての始まりであり、次へのステップでもあり、すべての終わりでもある。

それにしても、手にした本が予想に反して「難しすぎてわからなかった」とか「とても読み通せなかった」という経験をした読者はきっと少なくないのではないだろうか。たとえば、ある分野の専門書・学術書と呼ばれる（たいていの場合とても高価な）本の中には一般読者を無慈悲にも拒絶するような内容の本が少なくない。研究者であるはずの私でさえ、専門分野がちょっとでも異なると手にしたとたん〝即死〟という専門書は今でもある。学問の世界の最先端はそういうものだ。その一方で、「本を読む」という行為は容易には理解できないのではないだろうか。文字列と行間にどこまで踏み込めば、その本を「読んだ」ことになるのか。その深みと広がりにとまどうこともあるだろう。ありとあらゆる本が出回っている中で、ある読者が手にした本に対して「読んでおもしろかった」とか「やや物足りなかった」という感想をもつとしたら、それは読者にとって幸せなことかもしれない。なぜなら、読後の感想はその本をとにもかくにも読み終えて初めて口にできることだからだ。

だからといって、自力で読了できた本をあなたはほんとうに「読んだ」といえるのだろうか。その本のいったい〝何〟を読んだのか。「そこに書かれている文字を読んだ」というのでは〝読んだ〟うちには入らないだろう（外国語の本なら別だが）。その本に書かれた文章の内容をしっかり理解した上で、著者の言わんとする主張に対して思考をめぐらすことができて初めてその本を〝読んだ〟ことになるのではないか。

単に上《うわ》っ面《つら》だけの「文字の読み取り」とより深い「主張の読み解き」では、同じ「読む」行為ではあっても、そこには大きなちがいがあるだろう。両者のちがいを知るためにこんな例を最初に挙げよう。

陶淵明「雑詩（其二）」

人生無根蔕、飄如陌上塵。〔1〕
分散逐風轉、此已非常身。〔2〕
落地爲兄弟、何必骨肉親。〔3〕
得歡當作樂、斗酒聚比鄰。〔4〕
盛年不重來、一日難再晨。〔5〕
及時當勉勵、歳月不待人。〔6〕

いきなり漢文を出して申し訳ないが、ここでは「本を読むこと」を「漢文を読むこと」に置き換えてみてほしい。多くの読者にとって、漢文はたとえ高校時代に少しは勉強したことがあっても、卒業してしまえば学んだ記憶なんぞとっくに薄れているだろう。

中国の大詩人である陶淵明《とうえんめい》(365〜427)の手になるこの五言詩の全体を見たことがある人は少ないかもしれない。初めてこの漢詩を見たとき、ひとつひとつの漢字が読めたとしても、漢文としてその意味を読み取れるわけではない。

しかし、この漢詩の最後の行〔6〕の後半部分である「歳月不待人」だけは「歳月人を待たず」という有名な日本語の格言として今でも広く知られている。読者もきっとどこかで聞いたことがあるだろう。中国語としての漢文「歳月不待人」は、適切な〝返り点〟を配置し、日本語として書き下すことによって「歳月人を待たず」と読むことができ、その意味を初めて理解することができる。この「歳月人を待たず」と書き下された文を、中国文学者・青木正兒《まさる》は「歳月《としつき》は人を待つてはくれぬ」(青木 1961, p.32) と訳した。その意味するところは現代の私たちにとっても自明なほど明らかだ。

書かれた文字を読み取り、つづられた文章を読み解き、その意味を理解する——漢文を読むときも、そして本を読むときも、私たちがいつもしていることは簡単に言えばこれだけだ。しかし、そこには大きな〝落とし穴〟が潜んでいることに注意を向けよう。

この漢詩の「歳月不待人」を含む最後の二行(〔5〕と〔6〕)を青木は次のように書き下している(上掲書, p.32)。

——〔5〕盛年　重ネテ來《キタ》ラ不《ズ》、一日　再ビ晨《シン》ナリ難《ガタ》シ。
——〔6〕時ニ及ンデ當《マサ》ニ勉勵スベシ、歳月　人ヲ待タ不《ズ》。

この漢詩を通俗的な一種の〝人生訓〟としてありがたがるならば、その解釈はきっとこんなふうになるだろう(私訳)。

——〔5〕若い時代は二度とは来ない　一日に朝が二度くるわけがない。
〔6〕時期を逸せず勉強（仕事）に励め　歳月人を待たず。

「無駄な時間を過ごしたりせず、しっかり勉強し、仕事をしないと、年月はどんどん過ぎ去ってしまうぞ」——いかにも勤勉な日本人に受けそうな〝教訓〟的かつ〝強圧〟的な解釈だ。

ところが、青木はこの同じ二行に対して、正反対の意味をもつ次のような訳文を当てている（上掲書, p.32）。

——〔5〕若い盛りは二度と來ぬ　一日に二度の朝が有るわけはない。
〔6〕時に後《おく》れず、せい出して遊ぶべきだ　歳月《としつき》は人を待つてはくれぬ。

あれあれ、こりゃまさに〝卓袱台《ちゃぶだい》返し〟の逆転の解釈である。つまり、彼によれば、元の漢詩の「勉勵」とは勉強や仕事を頑張ることではなく、まったく逆に、せいいっぱい行楽と遊興に励むことだと快楽至上的に解釈される。この両解釈の根本的なちがいはいったいどうしたことだろう。

青木はこう指摘する。確かに最後の二行（〔5〕と〔6〕）だけを見れば「教訓詩」のように読めるかもしれない。しかし、それに先立つ前半部分（〔1〕～〔4〕）を踏まえれば、まったく異なる解釈になるという。

その前半部分を彼は次のように訳している（上掲書, pp.31-33）。

〔1〕人の此世《この》に生《うま》るるは世に結ぶ根も蔕《へた》も無く
　吹き飛ばされた陌上《ちまた》の塵のやうに。
〔2〕分れ散つて風のまにまに動きまはるので
　此の身は已に常住不変のものでない。
〔3〕地に生れ落ちて偶然兄弟と為つたので
　何にも骨肉血縁の者に限つて親しいわけはない。
〔4〕愉快なことが有れば樂しみをなすべきだ
　一斗の酒で近隣を招き集めよ。

人間はしょせん何のつながりもなくばらばらにこの世に生まれてきたのだから、たまたま兄弟だったり血縁者だからといって格別に親しくなるわけではない。楽しいことがあるのなら、近在の他人であってもみんな集めて酒をともに呑もうよ——青木によれば、この先行部分があるからこそ、陶淵明のこの詩はけっして「教訓詩」などではなく、中国伝統の「無常観的快樂詩」のひとつと解釈するべきだと言う（上掲書, pp.32-33)。

読むという行為には大きな〝落とし穴〟があると私が言ったのはまさにこれだ。「歳月不待人」という漢文をたとえ私たちが読み下せたとしても、そのほんとうの意味や背景まで読み解けたわけではない。ほんのわずかな部分（一句5字）だけを見て、性急に全体（5字×2×6行＝60字）の意味を理解しようとすると、前に指摘された思わぬ〝落とし穴〟にはまってしまうことがある。すでに読み終えた部分からまだ読み終えていない全体について何かを推論することはつねにまちがいを犯すリスクを背負っている。

陶淵明の漢詩は字数で言えば計60字という極小の〝ミクロコスモス〟だった。一方、私たちが日ごろ手にする本は、それが薄い文庫本であろうが分厚い専門書であろうが、その漢詩の何千倍あるいは何万倍もの文字数があるだろう。しかし、書かれた文字数が多いか少ないかは実はたいした問題ではない。

読書とはつねに「部分から全体への推論」——次章で説明する「アブダクション」——である。本の読み手は、既読の部分を踏まえて未読である本全体に関する推理・推論をたえまなく問い続ける。その推理・推論の対象である〝全体〟とは、その著書から読み取れる著者の主張を解釈することだったり、ある著者が依拠する知識体系を包括的に理解することだったりするだろう。

本を読みながらあれこれ考えをめぐらすことは、リラックスして読める本ならばとても楽しい読書体験となるが、根を詰めて学び進めなければならない本だとときにつらい読書修行となる。読みながらものを考えることは、はたして「ユーレカ！」のひらめきをもたらしてくれるのか。それとも「下手の考え　休むに似たり」なのか。部分から全体への推論は首尾よく進められたのか、それとも単なる〃誤読〃に終わってしまったのか。

私たちは本を選ぶ際、無駄に時間を食う〃手間のかかる本〃を避けて、素早く楽に読めてすぐ役に立つ本だけを手にしたいと思ってしまう効率主義の餌食になりやすい。「なんてったって現代人は忙しいからね」などと小賢しい言い訳はいくらでもつけられる。確かに、世の中には読みやすさ第一を標榜する〃流動食のような本〃が溢れかえっている。読書の効率こそ至上と言うのであれば選書の選択肢には事欠かないだろう。いっそのこと本を丸ごと一冊読まなくてもすむような〃要約アプリ〃を使えば、もっと効率化できるだろう。さらにいえば、そういう手間すら惜しいなら、適当なキーワードを手がかりにネットで〃ググれば〃あるいは周囲の誰かに訊けばもっと気楽に生きられるだろう。しかし、必要な〃栄養素〃だけ効率的に摂取できる〃流動食〃に慣れてしまうと、気がつかないうちにものごとを考えぬくための基礎的な知力が衰えてしまうだろう。

お手軽に知識を得る道はまちがいなく〝地獄〟に通じている。


本書はそういう世にはびこる「読書効率主義」とは正反対のベクトルを志向する。

以下の章でくりかえし強調するように、私にとっての「読書」とはしっかり自分の頭を使った「推論」の素材にほかならない。本を手がかりに自分の頭でよく考えることだ。どんな本であってもそこに書かれている内容をまったく読みもせずに事前に知ることはできない。本を手に取ってひもとくことにより、私たちは初めて新たな知識の世界に足を踏み入れることになる。冒頭から読み進むにつれて、読者である私たちはあれこれ考えをめぐらし始める。その内容をどれくらい理解できたか、著者は何を言おうとしているのか、背後にはどんな知識世界が広がっているのか。読書中に読み手が思いついたさまざまな推理・推論・仮説・感想は読み進むとともに支持されたり棄却されたりするだろう。

最後まで読み終えて充実した達成感を満喫できたならアナタは幸せな読者だ。しかし、読了した後も疑問が未解決のまま残ってしまうかもしれない。そんなときでもアナタは落胆する必要はけっしてない。自分がまだ知らない世界、理解できない世界が世の中にたくさんさんあることは紛れもない真理だから。一読して理解しきれなかった本はおそらく次に読むべき本を連れてきてくれるだろう。友は友を呼び、本は本を呼ぶ。巨大な〝本の山〟からアナタの耳に〝遠い呼び声〟が聞こえてくるにちがいない。

私にとっての読書は本に対する〝オブセッション〟と読書による快楽が混じりあっている。楽しくなければこんなに長続きはしない。このプロローグでたびたび登場してもらった青木正兒は、のちに今西錦司や桑原武夫そして梅棹忠夫らを輩出したかの〝京都学派〟の第1世代を担った学者でもあった（櫻井 2017）。その〝京都学派〟に徹底的な「飲酒文化」をもちこんだとされる青木は（上掲書, p.351）、前に引用した名著『中華飲酒詩選』（青木 1961［**書影1**］）において中国を代表する稀代の酒呑みたちの書き残した漢詩を集め、闊《かっ》達《たっ》な訳文とみごとな解説を付した。

この『中華飲酒詩選』の冒頭には、宋の時代の陶穀が編纂した食誌『清異録』の「酒漿門」に所収された「瓶盞病（てうしさかづきのやまひ）」という飲んだくれの詩が載っている。のっけからこう書かれている（青木 1961, pp.10-11）。

——嗜飲者無早晩、無寒暑。　酒ずきは朝となく晩となく　寒いにつけ暑いにつけ
樂固醉、　樂しいと云つては醉ひ

［書影1］
青木正兒
『中華飲酒詩選』
（青木1961）

ここに書影を示した初版は1961年に筑摩書房から刊行され、1964年に筑摩叢書の一冊として再刊された。さらに、今世紀に入り2008年に平凡社東洋文庫の一冊として復刊された。再刊の序文で著者は「私の著書は古くさくて、黴《かび》が生えてゐるので今の若い人には向かないらしい」（青木2008, p.13）といささか自虐気味になっている。その一方で、「然《しか》し黴といふものは吾々酒徒に取つては大切なもので、黴が無ければ酒は出来ない」（同, p.13）と意気軒昂に根っからの酒徒としての意地を見せる。発酵文化がふたたび脚光を浴びている現在、青木の「お酒の本」をじっくり再読する価値がきっとあるにちがいない。この『中華飲酒詩選』は（他の平凡社東洋文庫の本もそうだが）せっかちにななめ読みしたりいたずらに速読してしまうのはとてももったいない。盃を片手にごゆるりと。

愁亦如之。　愁《うれ》へても酔ふ。
閒固醉、　閒《ひま》だと云つては酔ひ
忙亦如之。　忙しくても酔ふ。

呑んべえどもの酔態が見えてくるような詩文である。ここで「酒」を「本」に、「酔ふ」を「讀《よ》む」に一括変換してみれば、一転して書痴どもの世界が眼前に現れる。

本ずきは朝となく晩となく　寒いにつけ暑いにつけ
樂しいと云つては讀み
愁へても讀む。
閒《ひま》だと云つては讀み
忙しくても讀む。

次章以下で、私たちは朝から晩まで〝酔ふ〟代わりに、〝本の山〟に登攀《とうはん》して日がな一日〝讀む〟生活に耽ることになるだろう。

目次

本文中での文献指示は、著者名、出版年（＝翻訳出版年）、頁によって行う。例えば、三中（2009）は、巻末の引用・参考文献リストにおける三中信宏 2009『分類思考の世界：なぜヒトは万物を「種」に分けるのか』（講談社）からの引用であることを示す。

第1章

知のノードとネットワーク——読書は探検だ

新型コロナウイルスの大流行のせいで、この一年あまりは私用・公用ともにほとんどどこにも出かけられず、以前なら頻繁に巡回していた新刊書店や古書店からすっかり足が遠のいてしまった。

もちろん、ネット書店はこれまでどおり利用できるのだが、読みたい本をどう探すかという点で街なかのリアル書店とのちがいはやはりある。しかし、本を読むぞという欲望さえあれば、リアル書店とネット書店のちがいなどたいした支障にはならないだろう。また、私自身はなおこだわりがあるのだが、〝紙の本〟と電子本の区別もまた読者によってはぜんぜん気にならないかもしれない。

最近は、出版社のウェブサイトもずいぶんと使い勝手がよくなって、新刊本や既刊本を見やすく展示し、サイト来訪者の購買意欲をいやが上にもくすぐる工夫がなされている。うっかり籠絡《ろうらく》されるとお財布がどんどん軽くなってしまうではないか。敵もさるものである。

いずれにしても、ある本を手にすることが〝本を読む〟——そして〝本書を読む〟——

大前提であることには変わりがない。迷っているひまがあったら、すぐ本屋へ行こう。本たちはいつも笑顔ですべての潜在的読者たちを温かく迎えてくれるにちがいない。

本章では、本書全体の「総論」として、私がひとりの読者としてこれまで実践してきた「読書法」について説明しよう。本の読み方は人それぞれだが、私にとっての読書は一種の〝狩り〟である点は強調しておきたい。どんな本を探して手にするか、どのように読み進めるか、読了後いかにまとめるかは、いずれも本という文字空間の中で〝狩り〟をすることにたとえることができる。サンプル、ノード、ネットワーク、そしてアブダクションなど耳慣れない言葉が出てくるが、それらはどれも〝狩猟〟としての読書を特徴づける用語だと考えていただきたい。

1・i 手にする動機、読み通す技術

読むべきターゲット本がすでに決まっているなら話は簡単だ。本屋に入ったらすぐに目指すコーナーに直行し、その本を手にしてレジに並べばよい。ネット書店であれば書名などのキーワードで検索すればもっと楽に見つかるだろう。私自身はリアル書店に林立する書棚の間をあちこち徘徊しては、ランダムに探し回ることも多い。あらかじめ狙いをつけた本だけでなく、ぜんぜん知らなかった意外な本や、カバージャケットについ惹かれてしまった本、書棚からいきなりお声がかかる本などなど、予期しない本たちとの出会いを経験をすることも少なくない。それはそれで楽しい。

動機と理由は何であれ、読者があるとき手にしたその本は〝別世界〟への入り口だ。ページをめくるとともに読み手は著者に連れられて〝旅〟に出る。その道行きは快適で楽なこともあれば、ときにきついこともあるだろう。そんな時、読み手の側に〝見通し〟と〝わざ〟があれば、楽しさときつさをあわせ持つ本読みの時間を心安らかに進められるのではないか。

プロローグでは、陶淵明の作品を例に挙げた。たった60字の短い漢詩が描き出す〝ミク

ロコスモス〟であっても、それをきちんと〝読む〟ことがけっして容易ではないことを私たちはもう知っている。字面のうわべをなでただけでは読んだことにはならない。書かれた文章の行間から背後まで全体をしっかり読み込むことで初めて著者の真意を理解したことになる。

もちろん、多くの日本人読者にとっては、返り点などが付かない〝白文〟のままの漢詩を読むのは無理があるだろう。しかし、原文が日本語に書き下され、字数がやや増えたとしてもやはり〝ミクロコスモス〟であることにはちがいがない。けっきょく、私たち読者にとって、記された字やつづられた文の〝背後〟に広がる世界についてどれくらいディテールを読み取れるかどうかがポイントになる。それは陶淵明のミニマルな漢詩であろうが、一般的に字数がはるかに多い本であろうがちがいはない。

本を読むには頭も必要だが同時に体力も使う。私たちがある本を手にするとき、薄ければ時間をかけずに読み終えられるだろうという見通しが立つ。もし厚い本だったらそれなりの覚悟を決めてページをめくり始めるだろう。もちろん、あとで例を示すように、薄い本がいつでも読みやすいわけではけっしてないし、重くて厚い本が意外にするすると読み終えられることもある。新書や文庫だからといって甘く見ていると嚙みつかれて痛い目を見る。本の外観や装幀にゆめゆめだまされてはいけない。

1・2 文字空間とその可視化――インフォグラフィックスの視点から

ネットワーク理論から手に入れたものは、視覚化の基本形式だ。演劇のプロットという時間の流れを、一目で把握できる二次元の記号の組み合わせ（頂点あるいは結節点《ノード》と辺）に変えることができるというアイディア。『我々は構築し、これからも構築しつづける。それでもなお、直観こそがよきものである』とパウル・クレーはかつて書いた。これぞまさに、私が進んだ道だ。ネットワーク理論を（誤）使用して作品内の証拠にいくばくか秩序を与えたが、こちらへ来いと差し招く道があれば、分析をそちらへ進めることも辞さなかった。（Moretti 2013, 訳書 p.288）

読書は旅にたとえられる。本は文字でつづられた〝道行き〟の記録であり、その本を手にした読者は著者がたどった〝旅路〟を追体験する。短い散策もあれば長い旅行もあるだろう。気楽な道のりもあれば滑落寸前の難路に遭遇するかもしれない。退屈な景色にあくびをすることも、逆に息を呑む絶景に見とれることもあるにちがいない。同じ本であっても〝旅行者〟によって旅の印象はよくも悪くもちがうだろう。

文字で記された旅路は全体としてひとまとまりの〝文字空間〟――すなわち地形と風景からなる場所を描き出す。しかし、ほとんどの読者にとって、その〝文字空間〟を実感する機会は日常生活ではないのではないだろうか。先に挙げた陶淵明の漢詩なら、たった60字という狭い〝文字空間〟をひと目で見ることができるが、それは例外中の例外だ。紙の本であれ電子本であれ、一冊の本全体の〝文字空間〟を見渡すことはふつうは不可能だろう。ページを順にめくりながら、地点をひとつひとつたどりつつ、読者は道を読み進むしかない。

広大な〝文字空間〟を一望のもとに見わたすこと――とりわけ分厚い大著や専門書を手に取るとき、読者はいま読み進んでいる部分が本全体の中のどのあたりの位置を占めているのかに気をつけるよう心がけると、途中で挫折したり予期せず遭難したりするリスクを減らせるのではないかと私は感じている。

もちろん、私たち読者は超能力者ではないので、本という〝文字空間〟の全貌を上空から見下ろすことはきっとできないだろう。しかし、そのイメージを思い描くことは可能だ。以下ではそのひとつの例として、19世紀の進化学者チャールズ・ダーウィンの歴史的著作『種の起源（On the Origin of Species）』（Darwin 1859［**書影1**］）を取り上げることにしよう。

ダーウィンの『種の起源』は、単に進化生物学という科学分野に革新をもたらしただけ

[書影1]

チャールズ・ダーウィン[渡辺政隆訳]
『種の起源』(上・下)
(Darwin 1859)

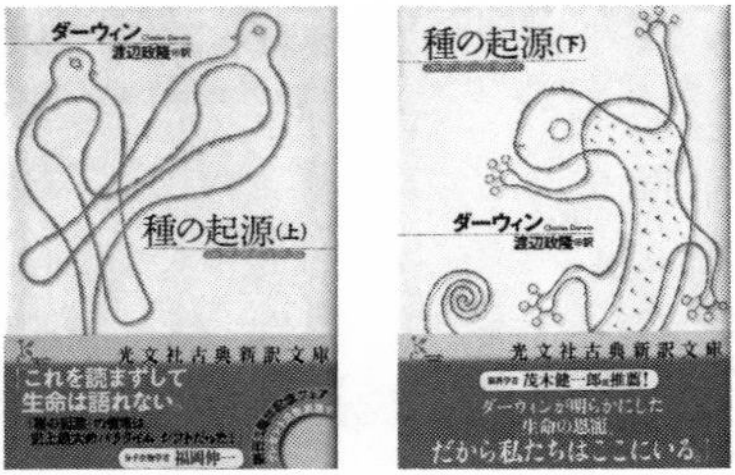

自然淘汰(自然選択)にもとづく生物進化のメカニズムを提唱した本書は現代進化学の基礎を確立した古典である。ロンドンで出版された初版はたった1,250部しか印刷されず、またたく間に完売してしまったという。本文490ページという大部の本であるにもかかわらず、しかもヴィクトリア朝時代のキリスト教と相容れない内容の本書を当時の一般読者たちはいったいどのように読んだのだろうか。この『種の起源』初版は紙の本としてはもちろん超稀覯本だが(日本国内にも数冊しかない)、のちに復刻版が出版されている(Darwin 1964, 2009)。初版本をスキャンした電子本もBiodiversity Heritage Libraryなどから公開されている。日本語の翻訳もこれまで数種類出ているが、1964年の初版復刻版を底本として2009年に出版された渡辺政隆による翻訳を強くおすすめする。渡辺訳の『種の起源』は文庫本だが、上下巻で計800ページを超える分量がある。翻訳本はできるだけ良質なものを選ぶべきで、とんでもない"誤訳迷訳欠陥翻訳本"をつかまされてしまうと人生の大切な読書時間を無駄に失うことになる。

ではなく、もっと広範な哲学思想分野にもその影響は波及した。『種の起源』は、１８５９年の初版以降ダーウィン自身の手で何度も改訂が重ねられ、第２版（１８６０年）・第３版（１８６１年）・第４版（１８６６年）・第５版（１８６９年）・第６版（１８７２年）と計６つの版がある。

ダーウィンのすべての著作は〈ダーウィン・オンライン〉というウェブサイト（van Wyhe 2002-）を通じてすでに電子化公開されており、彼の遺した業績や書簡など膨大な関連資料に誰でもアクセスすることができる。もちろん『種の起源』の各版も電子化されていて、原書のページごとのスキャン画像はもとより、テキストファイルやＰＤＦの形式でダウンロードすることもできる。いい時代になったものである。

この改訂を通じて『種の起源』の〝文字空間〟は拡大していった。上記〈ダーウィン・オンライン〉の『種の起源』サイト（http://darwin-online.org.uk/contents.html#origin）から単語数を計算してみると、初版は17万語だったが、最後の第６版では21万語と４万語も増えている。たとえ同じ本であっても版によって〝文字空間〟が大きく異なるのは、著者が『種の起源』を通じて描こうとする〝世界〟の景色が変わっていったからにほかならない。

たとえば、第1版（Darwin 1859）と第6版（Darwin 1872）とを比較すると、もっとも大きな改訂点として、初版の第６章「学説の難題」と第７章「本能」の間に新しい章「自然選択説に向けられたさまざまな反論」が丸ごと挿入されたことが挙げられる。ダーウィンは『種の起源』に対する社会的な受容や異論に対して敏感に応答し、改訂を繰り返してきた。とりわけ、当時のイギリスでは生物が進化することそのものに対する根強い反対論があったため、それに応えるために新章を挿入した。もちろんそれ以外にも、規模の大小はあれ、彼は数多くの加筆・削除・修正を自著に施した。『種の起源』の本文は文字通り時間的に〝進化〟（＝「変化を伴う由来」）をしたのである。

この『種の起源』という著作をかたちづくる〝文字世界〟の全体を眺めわたし、さらに版による本文の異同のありさまをインタラクティヴに「可視化」しようとしたのがベン・フライだった（Fry 2009, 2016）。フライは、〈ダーウィン・オンライン〉で公開されている全文テクスト情報に基づいて、現代インフォグラフィックスの手法を活用して『種の起源』の全6版の加筆修正のプロセスを可視化した（［図1］）。

この［図1］は『種の起源』の〝文字空間〟を一望するという鳥瞰性を主目的としているので、本文テクストの経時的な変化をたどる上ではとても印象的な視覚化デザインである。しかし、このデザインだと、本文の変遷が次々に〝上書き〟されてしまうので、ある版と別の版とを同時比較するには不便である。そこで、フライはもう一つの視覚化を提示した（［図2］）。

[**図 1**]

ベン・フライによる『種の起源』
各版の加筆修正プロセスの可視化(1)[部分]

『種の起源』各版の本文全テクストに基づいて、版が改訂されるたびに旧版のどの箇所が改訂されたかを可視化する一覧図(Fry 2009)。もっとも左の列は『種の起源』の序文のテクストであり、その右側には第1章(I)から最後の第15章(XV)までのテクストが収められている。最下段を見ると図中の修正がどの版で行われたかが色分けされていることがわかる(本書の図ではグレーの濃度で示される)。元サイト(https://fathom.info/traces/)では、第1版から第6版までの本文改訂によるテクスト変遷をインタラクティヴな動画として可変速度で閲覧できる。また、元の図では文章そのものを読むことはできないが、ポインターをかざせばその箇所がポップアップで自動拡大され、該当部分の本文テクストを実際に“読む”こともできる。

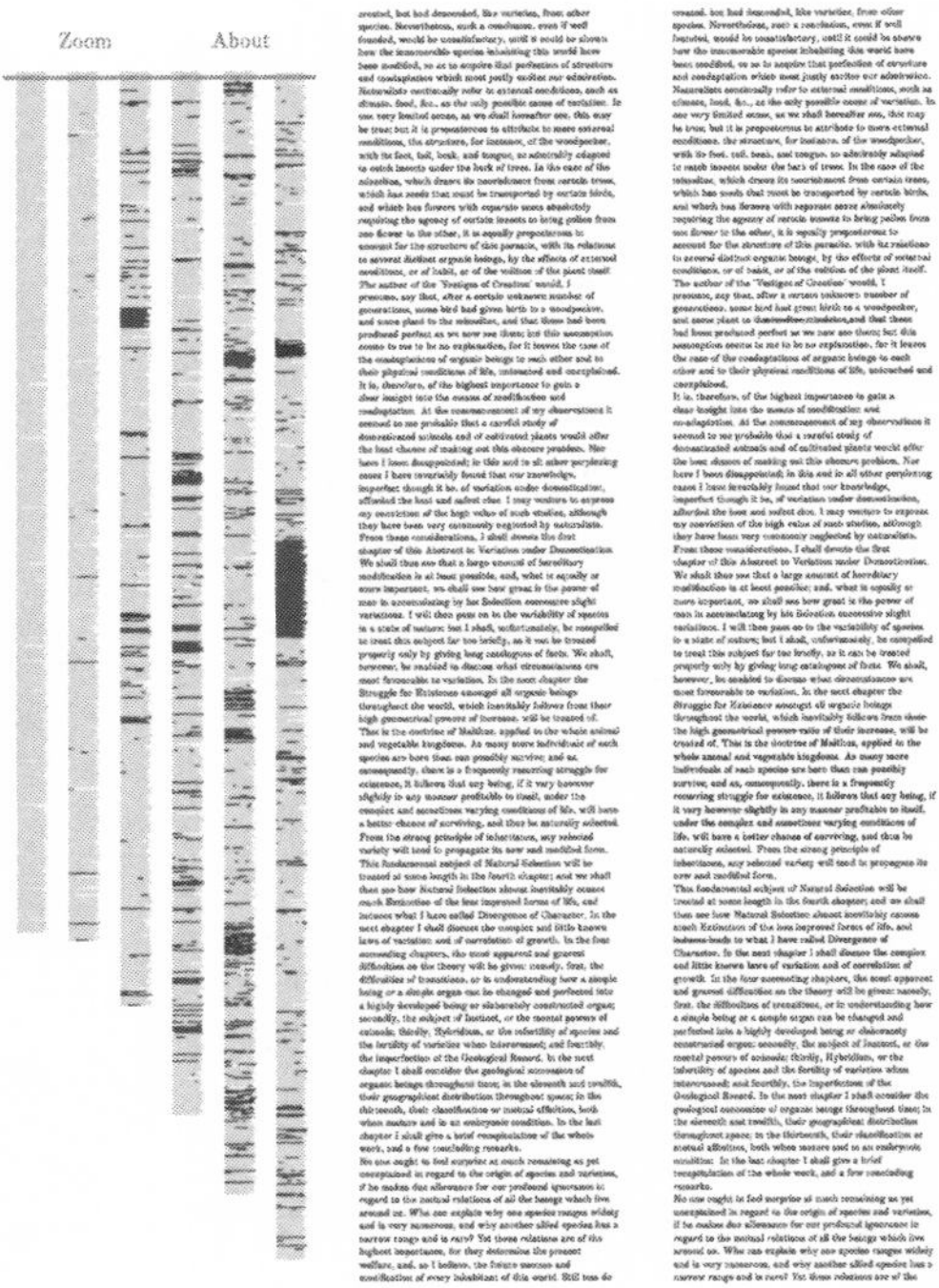

［図2］

**ベン・フライによる『種の起源』
各版の加筆修正プロセスの可視化(2)［部分］**

フライによる『種の起源』本文のもうひとつの可視化（Fry 2016）では、全６版のテクストが横に並列される。この図の左の部分には第１版（左端）から第６版（右端）へと、本文テクストの変更箇所が追加と削除に分けて色分けされている。注目すべきはこの全６版をまたぐ可動の“直線”だ。元サイト（https://benfry.com/specious/）では、この直線を動かすことで『種の起源』の特定部分のテクスト異同を右側の拡大図で比較しながら読むことができる。さらに、この可視化ツールにはズーム機能が付いていて、必要に応じて拡大しながら読むこともできる。

フライによるこれらのインタラクティヴなアニメーション動画は、ある本の〝文字空間〟とその時間変遷を丸ごと可視化した稀有の例である。他の本でもこれと同様な〝文字空間〟の可視化の事例があるかどうかは私は寡聞にして知らない。掛け値なく超有名な『種の起源』だからこそこれほど徹底的な全文可視化が可能になったと言えるかもしれない。

一般に、可視化のやり方はひとつだけではなく、目的に応じてさまざまな選択肢がある(Lima 2014, 2017 参照)。フライの手になる可視化についても、それが『種の起源』の〝文字空間〟のどんな側面に着目したのかについてはさらに深く考える必要があるだろう。[図1]と[図2]をあらためて見直すと、フライは明らかに『種の起源』の「全文テクストを一望する」という目的を据えて可視化を行っている。だからこそ読者が関心をもつ図中の部分を拡大すればいつでも本文が読めるというズームアップ機能を付与したのだろう。

フライは、通常の紙の本や電子本では実現できない〝全文一瞥《いちべつ》〟を可能にするインフォグラフィックスの可能性を私たちに提示してくれた。その一方で、読者にとっては「本を読む」ことが何よりも大きな目的なので、単にある本の全文テキストが一瞥できたからといって、その本を読み進む上でどれくらい役に立つかはわからないという意見も当然出てくるだろう。〝文字空間〟を「見る」と「読む」では大きな違いがあるということだ。

本の〝文字空間〟の構造を「読む」観点から可視化する方法がいくつか提案されている。

たとえば、ステファニー・ポサヴェックはテクスト可視化プロジェクト〈ライティング・ウィズアウト・ワーズ（Writing Without Words）〉（Posavec 2008［図3］）を通じて、アメリカの有名な作家であるジャック・ケルアック（Jack Kerouac）の小説『オン・ザ・ロード（路上）』（Kerouac 1957）の〝文字空間〟をツリー（系統樹）を用いて可視化した（Lima 2014, 訳書 pp.116-117）。

ポサヴェックによる『オン・ザ・ロード』の可視化は、本文テクスト情報を踏まえながらも、その文章内容を高次レベルから低次レベルまで階層的にたどることにより、各部分でプロット（筋書き）がどのように展開されているのか、どのようなテーマが取り上げられているのかについて樹形図を用いて示される。分岐階層化とカテゴリー化というインフォグラフィックスの手法を利用することにより、この小説の〝文字空間〟を読み進む上で有用なマップあるいはチャートが提供されている。

また、マーティン・ウォテンバーグとフェルナンダ・ヴェガス（Wattenberg and Viégas 2008）は、彼らが開発したテクスト分析用のソフトウェア〈ワード・ツリー（Word Tree）〉（Wattenberg and Viégas 2007）を用いて、1611年に出版されたキリスト教の『欽定訳聖書（ジェイムズ王訳聖書）』の本文に含まれる100万語あまりの単語を対象にして、ある語句を含む前後の単語のつながりを水平樹（ホリゾンタル・ツリー）として可視化した

［**図3**］
ステファニー・ポサヴェックによるケルアック『オン・ザ・ロード』第１部のテクスト構造可視化

長編小説『オン・ザ・ロード』の第１部に含まれる単語情報に基づいて、章から段落を経て文へ、さらには末端の単語のレベルにいたるまで、階層的に広がる多方向樹（マルチディレクショナル・ツリー）を用いて可視化した。第１部を表す中心点から外に向かって放射状に広がる樹形図の枝はそれぞれ各章を指し、その枝の先をたどればさらに細かく分岐して段落から文へと分かれていく。末端の単語については、それが表す主題――「旅」「社会」「仕事」など11のカテゴリーが設定されている――ごとに色分けされている。

［図4］
マーティン・ウォテンバーグとフェルナンダ・ヴェガスによる『欽定訳聖書』の単語系統樹

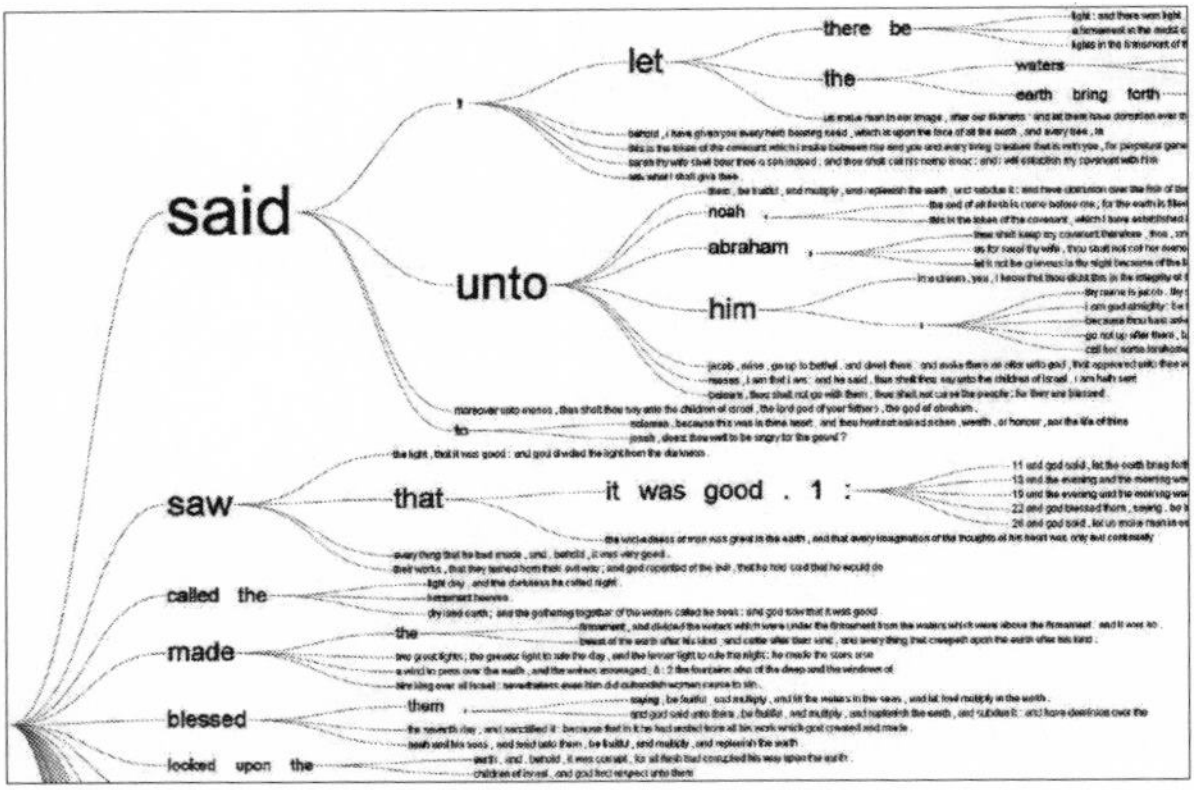

『欽定訳聖書』に含まれる単語間の共起関係（コンコーダンス）を全検索し、ある単語がどの単語と結びついているかを階層的に樹形表示したグラフ（Wattenberg and Viégas 2007; Lima 2014, 訳書p.107）。このダイアグラムは「and god」に続く単語の共起関係の一部を示している。単語のサイズは生起頻度を表し、大きなサイズの単語は小さな単語に比べて使用される頻度が高いことを意味する。

(Wattenberg and Viégas 2008; Lima 2014, 訳書 p.107〔図４〕)。

フライによる〝文字空間〟のテキスト可視化は版による遷移プロセスを経時的に図示するインタラクティヴなグラフィックスだったのに対し、ポサヴェックやウォテンバーグ－ヴェガスによる可視化はある〝文字空間〟の内部構造を共時的に表示するためにツリー状グラフィックスを駆使している。誰にとっての何のための可視化かによって、描かれたダイアグラムは大きく異なる。本の〝文字空間〟の可視化というテーマは、インフォグラフィックスの観点から見れば、きわめておもしろくしかもまだ十分に探究されていない問題がそこにはいくつも潜んでいるように思われる。

私たち一般の読者は、前に示したようにインフォグラフィックスの観点から読書するわけではけっしてないだろう。読書はもっと気楽なエンターテインメントだったり、もっと実用的な勉強のためにあるというのが世間的な常識かもしれない。しかし、ある本の〝文字空間〟はつねに固有の〝地形〟をもち、独自の〝風景〟を構築している。その本を手にした読者は、みずからの個人的な経験や知識を踏まえて、今まさに開かれようとしている〝文字空間〟への入口から〝旅〟に出ようとしている。その第一歩を踏み出す読者は、その時点ではまだ自分なりの〝チャート〟や〝マップ〟を携えているわけではない。しかし、たとえ〝丸腰〟であってもなお歩き続けるのが読書の宿命である。

1・3 狩猟者としての読者——本を読む冒険の心構えは何か？

独自の「〝線〟の文化人類学」を唱えるティム・インゴルドは、著書『ラインズ：線の文化史』（Ingold 2007［**書影2**］）の中で、本の読者を一本の〝道〟を旅する旅行者にたとえている。いささか長くなるが、本書全体と深く関わる内容なので、以下に引用しよう。

> テクストなり物語なりルートなりが、記述や発話や移動といった身体の行使に先立って、そこにアクセスしてその全体を復元すべき複雑な構成物としてあらかじめ存在しているなどと考えるべきではない。記憶の働きとは精神の表面に刻みこむことであり、それは著述家が紙の表面に記入し、旅人が自らの足で地球の表面に足跡を残すのと同じことである、と中世の思想家たちは確かに考えていたが、そうした表面は、測量される空間としてではなく、そこに住まう領域として捉えられていた。その領域は一瞥して全体を把握できるものではない。苦労して歩きまわってはじめて見えてくるのである。読むことにおいて、ひとは物語を語ること、旅することと同じように、前進しながら何かを記憶する。つまり記憶という行為はそれ自体が一種の行為《パフォーマンス》として

［書影2］

ティム・インゴルド
『ラインズ：線の文化史』（Ingold 2007）

世の中には“つかみどころのない本”がときどきある。“つかみどころがない”という形容はけっして悪い意味で言っているわけではない。「線（ライン）」をキーワードとして縦横無尽に論議を展開する本書もまた得体の知れない“つかみどころのなさ”がかえって魅力だったりする。線で記された書字や線画や楽譜、血縁のつながりを表す系図の線、静的な線が動くことで生じる動的な線の束と面、そして民族固有の世界観や生命観における線の意味など文化人類学的な考察へとつながっていく。原書ハードカバー版で200ページ弱、翻訳版でも250ページとけっして厚くはないが、本書のコンパクトな“文字空間”には想像以上に広い世界がたたみ込まれているようだ。著者は最後の章でこう言う。「ラインとは無限なものである。そしてその無限性——生命、関係、思考プロセスの——こそ、その価値を感じて欲しい」（訳書p.256）。本書はたまたま私の探書アンテナにヒットしたのだが、一歩一歩読み進みながら変わりゆく風景を見回すことで、予期しない視界が広がり、次に進むべきルートが見通せる気がした。これぞ読書の愉しみ。本書を読むことそれ自体が“狩猟者”となる絶好の訓練の場だ。受け身の知識が得られるだけではなく、もっと能動的に強く働きかけられる。そのパワーを受け止められるだけの“知的体力”が読者に求められている。

考えられていたのである。テクストは読むことによって記憶され、物語は語ることによって記憶され、旅は実行することによって記憶される。すなわち、あらゆるテクスト、物語、旅は、見出される対象ではなく、踏破される行程なのである。そして、一つひとつの行程が同じ土地をめぐるものであったとしても、それらはみな他とは異なった運動である。すべての行程にあてはまる不変のひな型や仕様書など存在しないし、どんな実践も、記述物やルート・マップから簡単に「読み取られる」わかりやすいものではあり得ない。(Ingold 2007, 訳書 pp.40-41)

インゴルドのたとえによれば、本を読むことは旅に出ることである。見知らぬ土地を自分の足で歩いてみて初めてわかることがあるように、ある本を読み通して自分なりに理解することで初めて見える知識の世界がある。しかし、その旅路の道行きには前もって周到に準備された旅程表や詳細に記されたマップやチャートが手渡されることはない。前節で例示したインフォグラフィックスによる〝文字空間〟の可視化は、確かにその本のテクストの構造や変遷に関する鳥瞰的な全体像を示してはくれるが、実際に旅する読者にとってそのグローバルな鳥瞰図だけではいまひとつ力不足の感が否めない。なぜなら、その〝文字空間〟を歩く旅人(読者)にとってより切実に必要となるのは、等身大の人間の目線で捉えられるローカルな〝地形〟や〝風景〟の手がかりをしっかり受け止めながら記憶し、理解を深めていく技法だからだ。

考えてみれば、本を読むことは単なる機械的な受け身の〝情報取得〟ではなく、もっと身体的で試行錯誤をともなう積極的行為とみなした方が適切だろう。そもそも、ある本を読もうとするからには最初に何らかの動機づけが必要だ。自発的に読まないかぎり一ページも先に進めない。読み始めの最初のうちは、その本の全体像がまだ見えなくて、足元の単語や文章しか目に入らないだろう。ときには、キーワードやキーセンテンスの意味を盛大に読み間違えてしまう〝誤読〟もあるだろう。ときには、原義から大きく外れた〝深読み〟をしてしまうこともあるだろう。

しかし、そのような試行錯誤の経験を幾度も踏むことで、読者の読み方はしだいに鍛え上げられていく。インゴルドは経験に鍛えられた読者は書かれた文章を「原始の狩猟者のように読み進むことになる——地図を見るのではなく踏み跡《トレイル》を辿ることによって」(Ingold 2007, 訳書 p.39) と表現する。ここでいう〝狩猟者〟なる表現はきわめて重要な意味をもつ。ある〝文字空間〟を旅する読者=狩猟者は、マップやチャートをもっていないので、著者がその本を書き記すときに残したさまざまな〝踏み跡〟——単語や文章など——を手がかりにして、いま自分がいる場所と進むべき方角を推論し続けなければならない。

インゴルドは読書における地図の有無を次のように対比する。

> 踏み跡の追跡や徒歩旅行と、あらかじめ地図が与えられた航海との区別は決定的に重要である。航海士は地図という領海の完全な表示を眼の前に持っていて、出発前に辿るべきコースを設定《プロット》することができる。したがって旅はその筋書き《プロット》をなぞるものに過ぎない。それと対照的に、徒歩旅行では、以前に通ったことのある道を誰かと一緒に、あるいは誰かの足跡を追って辿り、進むにつれてその行程を組み立て直す。この場合、旅行者は目的地に到達したときに初めて自分の経路を把握したと言える。
>
> (Ingold 2007, 訳書 pp.39-40)

獲物を追いかける〝狩猟者〟の攻撃的なイメージはひとり静かに本を読む営みにはふさわしくないのではないかという意見もきっとあるだろう。しかし、リラックスして心安らかに本をひもとくときでも、あるいは仕事や勉強のため必要に迫られて読書するときでも、いったん本に没入すれば私たちはまちがいなく言葉や文章を〝狩って〟いる。小説であれば登場人物がどのような言動をするのか、物語のプロットがどんな展開を見せてくれるのかを期待しながら煽《あお》られるようにページをめくるだろう。また、専門的な学術書であれば、ある分野の専門知の体系がどのように組み立てられているのかを思い描きながらゆっくり読み進むだろう。本を読んでいるときは、たとえ自分ではそうと気づかなくても、読者は〝狩猟者〟の眼差しになっている。

このように読者を〝狩猟者〟にたとえるならば、本を読むときの私たちの心構えは自ずと定まってくるにちがいない。たいして読む気もなく本のページを漫然とめくっているようでは獲物を狙う〝狩猟者〟とはとてもいえない。いやしくも〝狩猟者〟を自認するかぎり、私たちは目的や好奇心をもって真剣に本に相対しているはずだ。あるキーワードは本全体の中でどんな役割を果たすのだろうか。あるキーセンテンスが張る伏線はどのようなストーリーにつながり、最終的に回収されるのか。本を読み始めるとともに読者が出会う数多くの〝踏み跡〟や〝目印〟や〝痕跡〟などなど、本の〝文字空間〟を構成する各「部分」で目に留まるあらゆる証拠の断片が、最終的にはひとつの「全体」像としてまとまって立ち上がってくる。そのときまで、読者は〝狩猟者〟であり続ける。

1・4 読書の往路——読み跡を「ノード」として刻む

ここでは、読者が〝目印〟あるいは〝痕跡〟として設定する「ノード（node）」という視点を読書のひとつの〝共通モデル〟としてみよう。もちろん、読書の〝痕跡〟としてのノードはあくまでも大括りなカテゴリー分けであり、実際にはさらに細かいノードが必要になるかもしれない。たとえば、本のマルジナリア（余白）にあれこれ書きこんだり、備忘のための付箋紙をページに貼り付けたり、場合によっては（私はやらないが）ページの耳を折ってしおり代わりの目印にする「ドッグイア（dog ears）」などはすべて個人的な読書の痕跡を残すための涙ぐましい努力だ。ノードはこれらすべての読書の〝痕跡〟をまとめて分類するものだと考えていただきたい。

以下では、すでに紹介したダーウィン『種の起源』を例に取って、読書の〝旅路〟を簡単にシミュレートしてみよう。このシミュレーションの目的は、読者がある本を読み進むときの〝道行き〟のようす——ノードの刻み方——を再現してみることだ。そして、最後まで読み切って振り返ったときに、跡に残されたノードの集合がどのように体系化されるかについて考えよう。

前に引用した渡辺政隆訳『種の起源』(Darwin 1964) をひもとくと、序文に続く第1章「飼育栽培下における変異」では人間が長年にわたって飼育あるいは栽培してきた動植物が形態的にも習性的にも、野生型に比べて驚くほど種内で多様な変異を示している実例が挙げられている。ハト・イヌ・ウシ・ニワトリなどの飼育動物および農業や園芸で育種されてきた農作物・果樹・花卉《かき》植物の具体例が事細かに解説されている。

ダーウィンは実例を積み上げて議論を進めていくタイプの著者なので、それを知っていれば問題はないのだろう。しかし、はじめてダーウィンを読む読者の中には、延々と果てることもなく続く事例紹介は限度を超えていると感じる向きもあるだろう。1世紀半前のヴィクトリア朝イングランドでは、こういう長々しい文章をゆっくり読むのが読書の基本スタイルだったのだろうか。せっかちな現代人とはまったく異なる時間の流れの中で生きていたのかもしれない。

いずれにしろ、『種の起源』にかぎらず、ダーウィンの著作を手にしたら、個々の実例の蓄積が全体的な議論とどのようにつながっていくのかを考えながらあわてずあせらず読み進むことが肝要だ。続く第2章「自然条件下での変異」でもまた野生動植物の種内変異の実例をひとつまたひとつと積み重ねる。第1章と第2章を通じて飼育条件下と自然条件下における動植物の種内変異のポテンシャルをきわめて具体的に読者に印象づけることが、続く章でのすべての議論の基礎となる。この点でダーウィンにぬかりはない。

第3章「生存闘争」と第4章「自然淘汰」では、景色ががらりと変わり、それまでの章で蓄積してきた事例を統括的に説明する一般原理を提唱する。ここの山道は踏破がややきついかもしれない。日本人読者にありがちな「個別事例には関心があるが、一般原理には関心がない」という傾向が仇になっているともいえる。しかし、ここは踏ん張ってダーウィンがどのように生物進化のプロセスについて仮説を立てたかを考えよう。第3章では、生物が食物や配偶者を勝ち取って子孫を残す闘争を生き抜くというプロセスが作用すれば、より生存に適した変異が広まっていくだろうと。つまり、飼育条件下では人間が手を加えることで目的に合う動植物の変異を選抜（育種）するように、自然条件下では資源を求める生存闘争が生物の属性を徐々に〝変えて〟いく。この変容をダーウィンは「変化を伴う由来」と呼び、それを引き起こすメカニズムが自然淘汰であると主張した。とくに、変種から種への進化の過程における「分岐の原理」（p.200）はその後の議論で重要な役割を演じる。祖先生物が分岐しながら子孫生物へとしだいに進化していくという有名な系統発生の分岐ダイアグラムの図版をダーウィンはここで読者に示す（Darwin 1964, 訳書, 上,pp.210-211［**図5**］）。続く第5章「変異の法則」では、生物集団のなかで変異がどのようにして生じるのかについて考察をめぐらす。以上の第3～5章がダーウィン理論の根幹となる。

［図5］
チャールズ・ダーウィン
『種の起源』の生物進化ダイアグラム

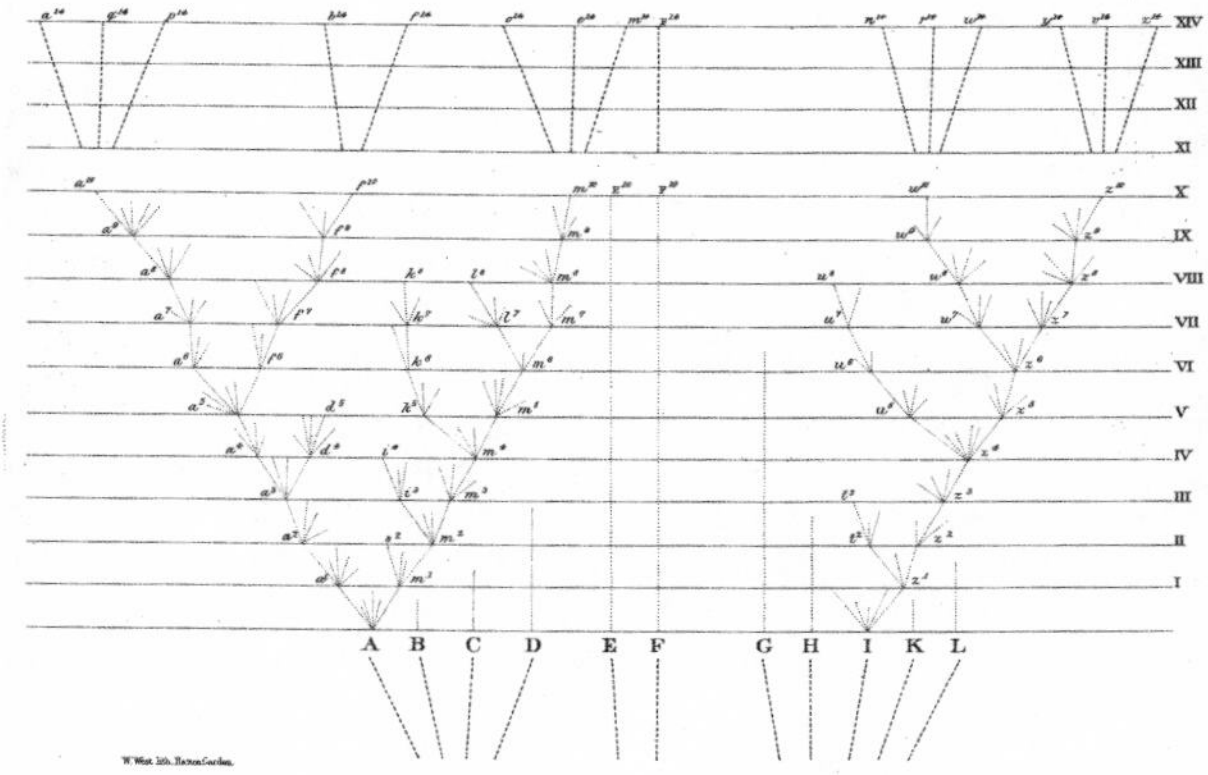

『種の起源』に含まれる唯一の図版であるこのダイアグラムは、祖先（下）から子孫（上）に向かって形質の分岐がどのように進むかを模式化している。たとえば、第Ｉ層の直下に位置する祖先Aは２分岐して子孫a^1とm^1になる。a^1からは上層に向かってさらに分岐が続いてa^2,a^3,…と子孫が派生し、他方のm^1からも同様にm^2, m^3,…という子孫の分岐系列が連なっていく。微視的な「分岐の原理」が長い時間をかけて働くことで、最終的に巨視的な系統発生の枝分かれが生じる。自然淘汰に基づく「分岐の原理」の作用を分岐ダイアグラムとして可視化することにより、進化と系統のヴィジュアルなイメージ化を読者に強く印象づけることができた。（Wikipedia https://en.m.wikipedia.org/wiki/File:On_the_Origin_of_Species_diagram.PNG）

生物を含む万物が神による創造の産物であるとする当時の〝常識〟に照らせば、前述のダーウィンの進化学説に対して激しい反論が返ってくることは容易に想像できるだろう。ダーウィンは『種の起源』ではあえてヒトの進化というより大きな論争の〝地雷原〟に踏み込むことは回避した。しかし、ヒト以外の動植物が人為条件下だけでなく自然条件下でも、変異に対する淘汰というメカニズムによって「変化を伴う由来」を引き起こすというダーウィンの主張は、それだけをとっても十分すぎるほど論議を呼ぶことは明白だった。

『種の起源』の第6章「学説の難題」では、ダーウィンの進化学説に対する想定される反対論に対して自説を擁護する。たとえば、生物が進化するのであれば異なる動植物をつなぐ移行的段階があるはずだが、そういう証拠が欠けているのは重大な反証となるだろう。この点に対してダーウィンは地質学的証拠がもともと不完全であるために移行段階は化石として残らなかったのだと反論する。また、脊椎動物の目のような高度に複雑な機能をもつ器官が進化によって生じるなどありえないではないかという批判に対しては、ごくわずかな変化が長期間にわたって積みあがることにより、どんな精巧なしくみをもつ器官であってもやがては完成されるだろうという想像力がわれわれには欠けているのではないかとダーウィンは主張する。

ダーウィンの立論の大きな特徴は、徹底的な証拠集めに基づく仮説の検討だ。生物が自然淘汰によって進化するという仮説を支持する証拠とともに、それとは相容れないように見える証拠ももれなく集める姿勢は、『種の起源』の後半の章でも貫かれる。第7章「本能」もまた進化に対する反論となり得るテーマだった。たとえばハチのような社会性昆虫のもつ集団として統制の取れたみごとな本能行動が自然淘汰によっていかにしてつくり上げられたといえるのだろうか。この点に関して、ダーウィンは、形態的な特徴とまったく同様に、心理や行動などの本能的な特徴もまた変異があり、それに淘汰が働くことで進化すると述べている。

続く第8章「雑種形成」もまた反論に対する進化説の擁護だ。一般に、神の被造物であるならば、異なる種間の交雑（かけあわせ）では「不稔《ふねん》」（種子ができなかったり子どもが生まれない）となることがほとんどだが、二次的に生じた品種や変種の間の交雑では不稔にならないとされる。この現象を自然淘汰説はどのように説明するのか。ダーウィンは、ここでむしろ発想を転換して、「種と変種とのあいだに本質的な違いはない」（Darwin 1964, 訳書, 下, p.65）とみなすならば、種間交雑と品種間交雑は統一的に議論できるだろうと言う。

第9章「地質学的証拠の不完全さについて」は第6章で提起された進化論に対する反論のひとつをさらに深く再検討した章だ。そして、化石記録が地質学的に不完全とならざるをえないという前提のもとで、続く第10章「生物の地質学的変遷について」では、太古から現代にいたる地質学的タイムスケールにおいて、第4章で提示した分岐ダイアグラム（[図5]）を読者に再度示す（Darwin 1964, 訳書, 下巻, pp.154-155）。自然淘汰説という進化プロセスの学説が系統樹という進化パターンの概念と結びつく瞬間をヴィジュアルに描き出す。

第11章「地理的分布」と第12章「地理的分布 承前」は、地球上の動植物の生物地理学に関する議論である。これまでの章では生物の時間的な変遷について論じてきたが、この2章では空間的な分布と分散について事例を積み重ねて考察を進める。地理的・気候的な条件のもとで祖先の動植物がいかなる遠距離を分散移動をしながら進化していったかを自然淘汰説という統一的視点のもとで説明できるとダーウィンは強調している。

本論最後の第13章「生物相互の類縁性、形態学、発生学、痕跡器官」では、階層的な生物分類体系がなぜ可能なのかについて進化的観点から説明を試みる。自然淘汰に基づく「形質の分岐」がある共通祖先からの「変化を伴う由来」を引き起こしたならば、祖先を共有する子孫群はたがいにより近縁であり、入れ子状の階層分類として体系化されることはごく自然な帰結であるとダーウィンは言う。

最終章である第14章「要約と結論」では自然淘汰説に基づくダーウィンの生物進化論を支持する証拠と反証とされる証拠をもう一度振り返って要約する。

ここまで、『種の起源』を例として、ひとつの読書シミュレーションをみなさんにお見せした。もちろん、前のような読み方はあくまでも私の個人的な読み方であって、人によって本読みの〝道行き〟にちがいがあるのは当然のことだ。しかし、それと同時に、読者ごとに異なる〝道行き〟には共通点もきっとあるだろう。本節で論じた読書ノードはその共通点を考える出発点となる。

1・5 読書の復路――ノードをつなぐ「ダイアグラム」

前節では、読者が設定するノードについて『種の起源』を例に説明した。続く本節では、これらのノードをたがいに結びつける〝連鎖〟として「チェイン（chain）＝鎖」、階層的構造を示す「ツリー（tree）＝樹」、そしてより複雑な「ネットワーク（network）＝網」について考えよう（三中・杉山 2012）。読みながらばらばらに刻まれたノードをこれらのダイアグラムを用いて視覚的に関係づけることにより、読書中の本の内容に関して得られた知識を体系化することができる。個々のノードはひとつひとつの情報の断片であるのに対し、ノードどうしを結びつけるチェイン、ツリー、そしてネットワークは全体としてのひとつのまとまりをもった体系とみなすことができる。

前節で説明した『種の起源』の目次にしたがって各章のノードを列挙するならば以下のように直線状の「チェイン（鎖）」となるだろう。ここでいうノードとは【　】でくくられたキーワードである。

第1章【事例枚挙】飼育下変異（各論）
第2章【事例枚挙】自然界変異（各論）
第3章【一般理論】生存闘争
第4章【一般理論】自然淘汰
第5章【一般理論】変異生成
第6章【反論防御】想定問答（総論）
第7章【反論防御】本能行動（各論）
第8章【反論防御】雑種形成（各論）
第9章【反論防御】化石資料（各論）
第10章【反論防御】分岐ダイアグラム
第11章【理論適用】地理的分布（各論）

第12章【理論適用】続・地理的分布（各論）
第13章【理論適用】分類と系統など
第14章【総括】

『種の起源』の場合、目次の章番号はチェインとして配列できるが、私が設定した【事例枚挙】【一般理論】【反論防御】【理論適用】そして【総括】という5つのノードはさらに詳細な構造を示す。これらのノードは各章がどのような位置づけと役割を担っているかを明示するために設定されたものである。さらに各ノードからは「飼育下変異（各論）」や「生存闘争」などの「下位ノード」がつながっている。上位ノードと下位ノードの階層関係のおかげで、読書の行程をわかりやすく跡づけられる。人間はもともと階層性が大好きなのだ。

一般に、階層的な関係は枝分かれする「ツリー（樹形ダイアグラム）」として図示することができる（三中・杉山 2012; Lima 2014, 2017; 三中 2017）。今の例であれば、『種の起源』は根本で大きく5つのノードに分岐し、それぞれのノードからさらにいくつかの下位ノードに分岐するというツリーが描けるだろう（［図6］）。このようにノードを階層化することで、読者は著者の構想した著作のプロットに沿ってノードを順にたどることができる。ツリー

［図6］

『種の起源』の読書ノードの階層的ツリー表示（初期値）

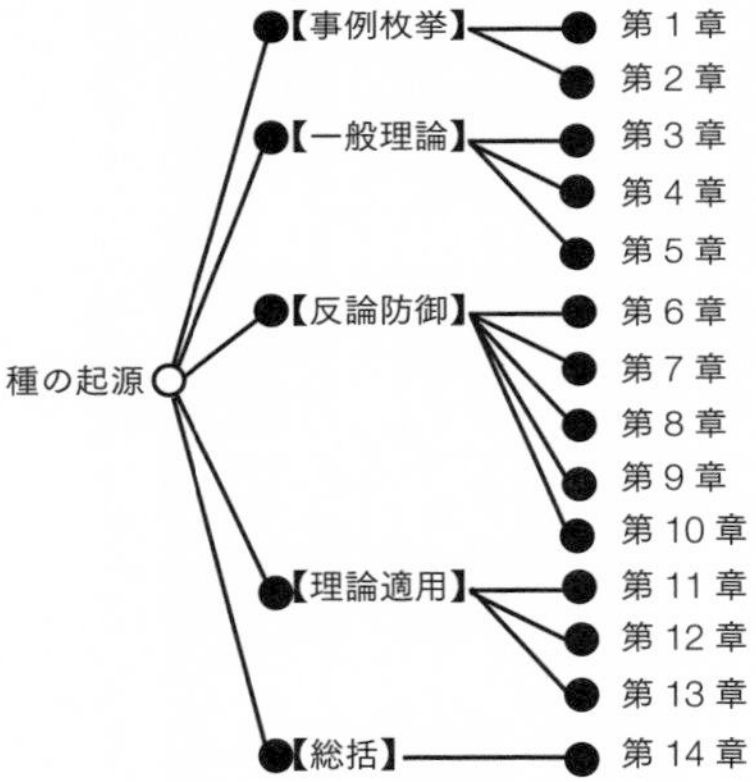

『種の起源』を読みながらそのつど置いたノードを体系化する試行の第一歩として、目次の順序に沿って大まかにノードをカテゴリー化し、さらにツリーとして階層的に視覚化した。【　】で示された5つの上位ノードからは各章の下位ノードへとつながっていく。それぞれの章のノードからはさらに下位のノードを読者は各自設定するだろう。それらのパーソナルな“読書備忘メモ”から読書ノードの階層的体系化が始まる。このダイアグラムを「初期値」と呼ぶ理由は、ある本を一読した直後に文中の方々に散らかっている読書メモをとりあえずまとめて整理したものだからだ。したがって、このダイアグラムは“読者寄り”というよりはむしろ“著者寄り”の体系化、すなわちあくまでも著者側の主張をそのまま取り込む姿勢での内容整理をする第一段階の試みといえるだろう。

に基づく可視化は読者にとってより理解しやすい体系化である。

しかし、上位ノードと下位ノードの階層関係だけがすべてではない。並立するノード間のつながりはもっと複雑であって、それらはときに非階層的な「ネットワーク」として可視化されることになるだろう。ここでいうネットワークとは、枝の分岐だけではなく融合をも許容する網状のダイアグラムだ。ツリーを包含する上位概念であるネットワークの方がより複雑なノード間の関係を視覚化できる（三中 2017）。その一方で、ツリーに比べてネットワークの方が解読が難しくなることもまた事実である。

たとえば、すでに示したように、『種の起源』のノードはツリーに基づいて体系化したとき「根本で大きく5つのノードに分岐」すると私は言った。しかし、正確に言えば、これらのノードはたがいに〝同格〟とはいいがたい。最初の4つのノード【事例枚挙】【一般理論】【反論防御】【理論適用】は、ある論理的な順序に沿って議論が展開されている。したがって、ツリーの根本から多分岐するのではなく、逐次的に連鎖しながら分岐すると考えた方が自然だろう（［図7］）。

さらに言えば、これら5つのノードのうち、最後の【総括】というノードは、先行する4つのノード【事例枚挙】【一般理論】【反論防御】【理論適用】とは明らかに〝別扱い〟しなければならない。なぜなら、『種の起源』の冒頭からの一連の議論のまとめとして、

[図7]

『種の起源』の読書ノードの階層的ツリー表示(改訂版)

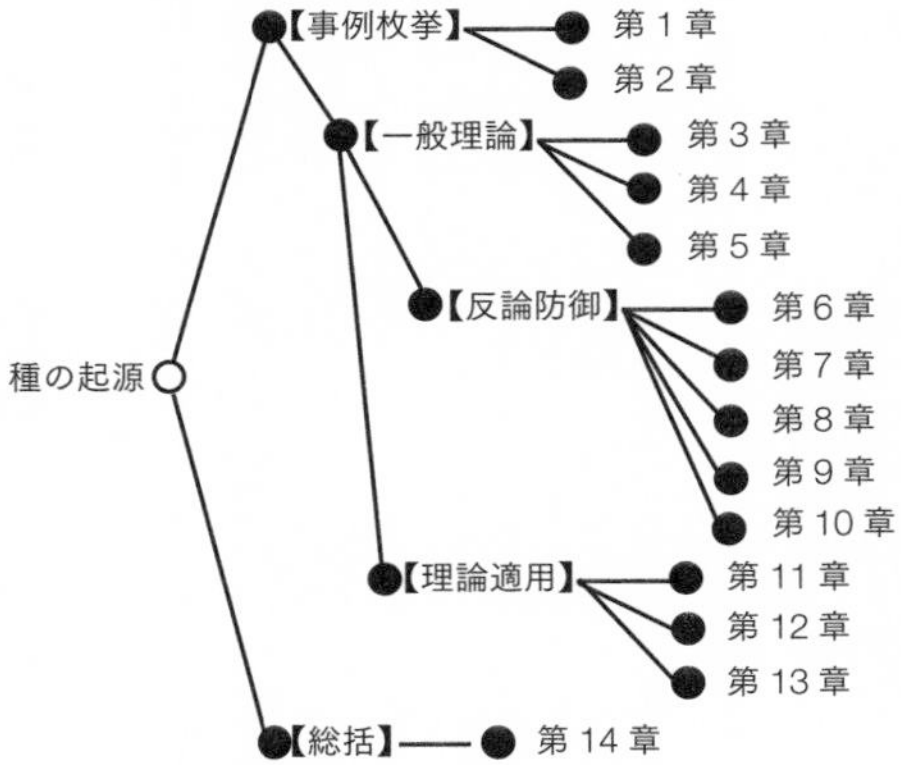

前の[図6]に示した「初期値」の階層的ツリーは、一冊分の読書ノードを読者が整理するための最初の足がかりとして構築したダイアグラムである。その初期値は単純な構造の多分岐ツリーであって直感的にはわかりやすいが、『種の起源』の内容をもう一度たどる上では必ずしも多くの手がかりを与えてはくれない。とくに、本論である【事例枚挙】【一般理論】【反論防御】【理論適用】という上位ノード間の関連性が示されていないのはその初期値ツリーの大きな欠陥である。そこで、この「改訂版」のツリーでは、階層性を維持しつつ、上位ノード間の階層関係を書き入れた。初期値では上位ノードはすべて“同格”だったが、この改訂版では【事例枚挙】から【一般理論】への関連づけがあり、そこから一方では【反論防御】へ、他方は【理論適用】へという二段構えでダーウィンが自説を主張したことがわかるように体系化した。残る【総括】はこの改訂版では別扱いされているが、この点はさらに修正しなければならない。

最後に【総括】が置かれているからだ。したがって、ノードとしての【総括】は先行する4ノードのそれぞれとつながりをもつことになる。これは明らかにツリーではなくネットワークを形成することになる（［図8］）。

ダーウィン自身は『種の起源』は「全体が一つの長い論証である」（Darwin 1964,p.459,訳書,下巻,p.357）と言った。つまり、動植物に関するさまざまな個別事例を取り上げつつ、それらはばらばらではなくすべてがたがいに関連付けられ、最終的には自然淘汰に基づく生物進化論という究極のノードに結びつくということだ。

冒頭章から最終章まで、読書という行為の「往路」はたしかに直線的——文字通りのチェイン——に進んでいく。しかし、この読書の往路がたとえ終わっても、自分が後ろに残してきた数々の読書痕跡やノードは、その本の記憶の断片として再構築をじっと待っている。これは読書の往路に続く「復路」といえるだろう。

私は読書の「往路」と「復路」はどちらもやり遂げて初めて一冊の本を読んだことになると考えている。これまでは紙の本に付箋を貼ったり、マルジナリアにメモ書きしたりしてきたが、近年ではツイッターに読書メモをツイートすることも少なくない。読書の〝痕跡〟を残す細々とした努力の積み重ねは怠れない。しかし、それらすべてはまだ「往路」にすぎない。ある本を読了したならば、忘れてしまわないうちに、刻みつけた記憶の痕跡

[図8]
『種の起源』の読書ノードのネットワーク表示

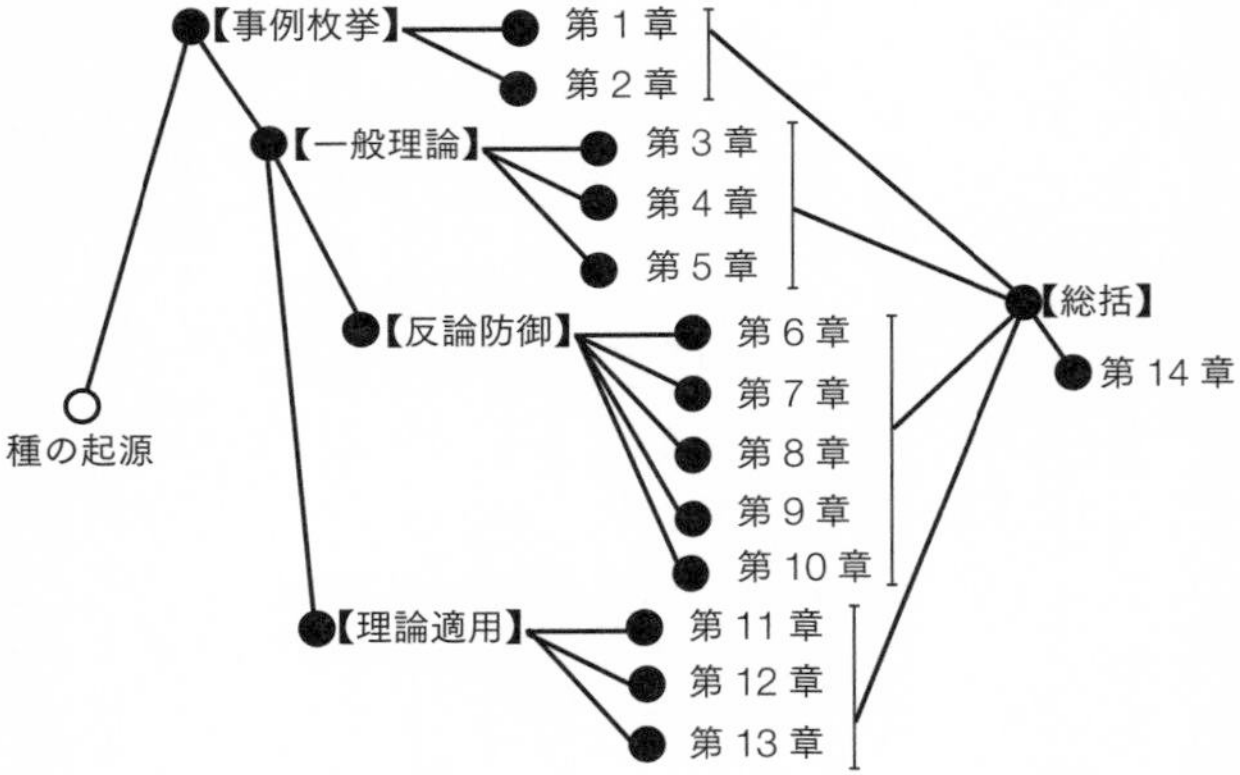

すでに示した[図6]と[図7]はいずれも階層的なツリーとして示されていた。しかし、『種の起源』の筋書きを考えると、最後の【総括】は順序的に本書の最後に置かれているわけではなく、各章の「まとめ」をさらに総括するという役割を担っている。つまり、上位ノードのそれぞれがダイレクトに【総括】ノードと結びついていることになる。したがって、その関係をダイアグラム的に示すとすれば、分岐したツリーの末端(各章)から【総括】への線を引く必要があるだろう。このとき、この図の左側でいったん分岐したツリーの枝はふたたび融合して【総括】へと流れ込む網状の非階層的なネットワークを形成することがわかる。

を体系化しよう。ツリーやネットワークなどダイアグラムによる全体の復元は、ある本をいったん読んだ記憶を振り返りつつ体系的に刻むという点で読書の「復路」を実践する有効なツールであると私は考える。

これまで私が示してきたパーソナルな読書ノードの体系化（[図6]－[図8]）は、自分なりに『種の起源』を読み進んだ往路のシミュレーションに対する復路のシミュレーションだ。同じ本を読んだとしても読者によってはまったく異なる往路があるだろう。そのとき、対応する復路は前に示したものとは異なる様相を見せるにちがいない。しかし、私自身は、読書に際して往路と復路を設定するというスタイルを長年の読書生活の中で身につけてきた。

プロローグで挙げた陶淵明のたった60字の漢詩「雑詩（其一）」は極小のミクロコスモスだった。それに対して本章で取り上げた『種の起源』は計17万語もあり字数的には比較にならない巨大なマクロコスモスである。しかし、見かけの字数や語数で判断するのは禁物だ。短い文章ならすぐ読める、薄い本だったら楽だと思い込むのは浅はかだ。それは単に何も考えずに往路を駆け抜けただけではないのか。たとえ往路が気楽であっても、復路がつつがなく歩き通せるとはかぎらない。短時間で読み終わっても、その意味するところ、著者の言わんとするところがけっきょくよくわからない事例はいくらでもあるだろう。

私たち読者が本を手にするとき、相手を軽く見くびって手抜きをすれば、まちがいなくその本に噛みつかれて怪我をする。読者はつねに文字空間のなかで〝獲物〟を追い続ける〝狩猟者〟でなければならない。

1・6 書き手と読み手を隔てるもの――「わからない」は罪深いか？

いきなり一般的なことを言うが、本を読んで「わかる」とはどういうことだろうか。ある本を手にした読者はいったん読了すればその本が「わかる」のだろうか。私はこの点についてはきわめて悲観的だ。ほとんどの本は読んでも「わからない」のではないだろうか。言い換えれば、本を読んで「わからない」と口にするのは何かしらの〝罪悪〟なのだろうか。「わからない」のはあくまでも読者側の責任であって、読んでも「わからない」としたらそれは単に読者の努力が足りないのだから「わかる」まで読むべきだ――そういう主張は単に読者を心理的に追いつめるだけではないだろうか。

読書が文字空間を舞台とする〝狩猟〟であるとするなら、逃げ回る獲物（すなわち本の内容）を必死でおいかける狩猟者（すなわち読者）は、あるときは狩りに成功したとしても、別のときには失敗したことで責められるいわれはないだろう。狩猟に出かけてもその獲物がすばしこく逃げ回ればぜんぜん仕留められないかもしれない。そのとき、猟師は失敗したことで責められなければならないかと問われたら、私はそんなことはぜんぜんないと答えるだろう。同様に、本を読んでも「わかる」必要はないのではないか。読んで「わからない」としても気に病むことはないのではないか。

大々的に「読書術」を掲げる本書が「本は読んでわからなくてもいい」と広言するのは不見識といわれるかもしれない。世の中には、読者目線で書かれたわかりやすい本もあれば、専門的テーマに特化した学術書もある。わかりやすく書かれた本ならば、多くの読者は「わかった」と満足するだろう。一方、厚くて難解な本をひもとけば、読み進んでも読み進んでもまったく内容が理解できないこともけっしてまれではないだろう。そのとき「わからなかった」読者は誰かに責められなければならないのだろうか。そんな理不尽なお仕置きはない。本を書く側に自由があるように、それを読む側にも自由があるはずだ。読書は苦しむためにするものではない。

ある本の書き手と読み手の間にはもともと越えられない〝溝〟があるのではないかと私

はつねづね考えている。私は本の読み手であると同時に書き手でもあるので（三中2021）、自分が書いた本が世間でどのように受け入れられ読まれているかはやはり気になる。一般に公開されている書評記事やインターネットで拡散される感想コメントを読むと、ときに過剰な深読みもあれば明白な誤読や曲解も散見される。しかし、いったん本を世に出してしまえば、それがどのように読まれようとも著者がどうこう口をはさめることではない。

私が過去に書いた本から大学や高校の入試問題が出題されることもたまにある。入試問題の出典として自著が使われるときは、作問を担当する出題者を介して、書き手である私と読み手である受験生が相対することになる。その年の受験が終わると、事後手続きとして著作権許認可の事務書類が送られてくるので、どこの大学や高校で私の本がどんな入試問題として出題されたかを知ることができる。

私の場合は国語や小論文の入試問題として出題されることがほとんどだが、よく見かけるのは「傍線部に関して著者は何を言おうとしているか述べよ」というタイプの設問である。たまに自分で解いてみることもあるのだが、意外に正答率が低くて愕然とする。読み手である受験生（と作問者）は著者とはちがう〝読み方〟をしているのかもしれない。他の著者がどうかは知らないが、私はときどき「深い意味のない文言」を文章に埋め込むくせがある。そういうときは「著者は何を言おうとしているか」と問われても、「とくに何も考えていない」という答えが著者的には正答なのだが、入試問題としてはきっと別の正答があるのだろう。書き手と読み手を隔てる溝は広くて深いと感じる一瞬だ。

1・7 既知から未知へ――〝アブダクション〟としての読書行為

前々節では、ダーウィンの『種の起源』を題材にして、「往路」と「復路」という私が考える読書術の基本について説明をした。読書シミュレーションによるノード群のダイアグラムによる体系化についても解説した（[図6]－[図8]）。しかし、現実の読書の〝現場〟を考えると、そのシミュレーションはあまりに単純すぎるといわれるかもしれない。たとえば、[図8]に示したネットワークは上位ノード間の階層性と非階層性を可視化したダイアグラムである。しかし、『種の起源』というマクロコスモスを念頭に置くとき、こんな簡単な図式で全貌がつかめるわけはないという批判は当然あるだろう。

私たちはもっと読書の〝地べた〟を這い回って現実を見つめるべきではないだろうか。パーソナルな読書行為に規範のようなものを持ち込むのは本意ではない。しかし、他人がどんな読み方をしているのかをのぞきこみたくなるのはひそやかな欲望かもしれない。たとえば、アンドレ・ケルテスの有名な写真集『読む時間』(Kertész 1971) は全編にわたって自分の世界にひとり没入する読者の姿が撮られている。読書が他者を排した個人的な行為であるからこそ、そこには読者の、そして読書の、むき出しの姿が垣間見える。

本を読むことはけっしてきれいごとではなく、たえまない試行錯誤をともなう連続的かつ能動的な〝アクション〟である(だから〝狩猟〟にたとえられる)。私自身は読書はいつも〝肉体労働〟だと心得ているので、私が本を読むときの〝現場〟(あるいは〝狩り場〟)は散らかり放題になるのがいつものことだ。

この機会に、私も自分自身の読書の〝現場〟のひとつをみなさんにお見せすることは無駄ではないだろう([図9])。取り上げた例は半世紀前に出版された進化学者マイケル・ギゼリンの『The Triumph of the Darwinian Method(ダーウィン的方法の勝利)』(Ghiselin 1969) である。本書は東京大学正門前の本郷通りにかつてあった考古堂という古書店で安く手に入れた。保存状態はけっしてよくない古書だったが、当時はまだ無知に近かった私にとっては進化生物学の思考法の基本を知る上でかけがえのない一冊となった。本との「一期一会」は確かにあることを強く印象づけられた本書の意義については別の本で言及した(三中 2018, pp.326-332)。

［図9］
読書の“現場”（あるいは“狩り場”）の一例

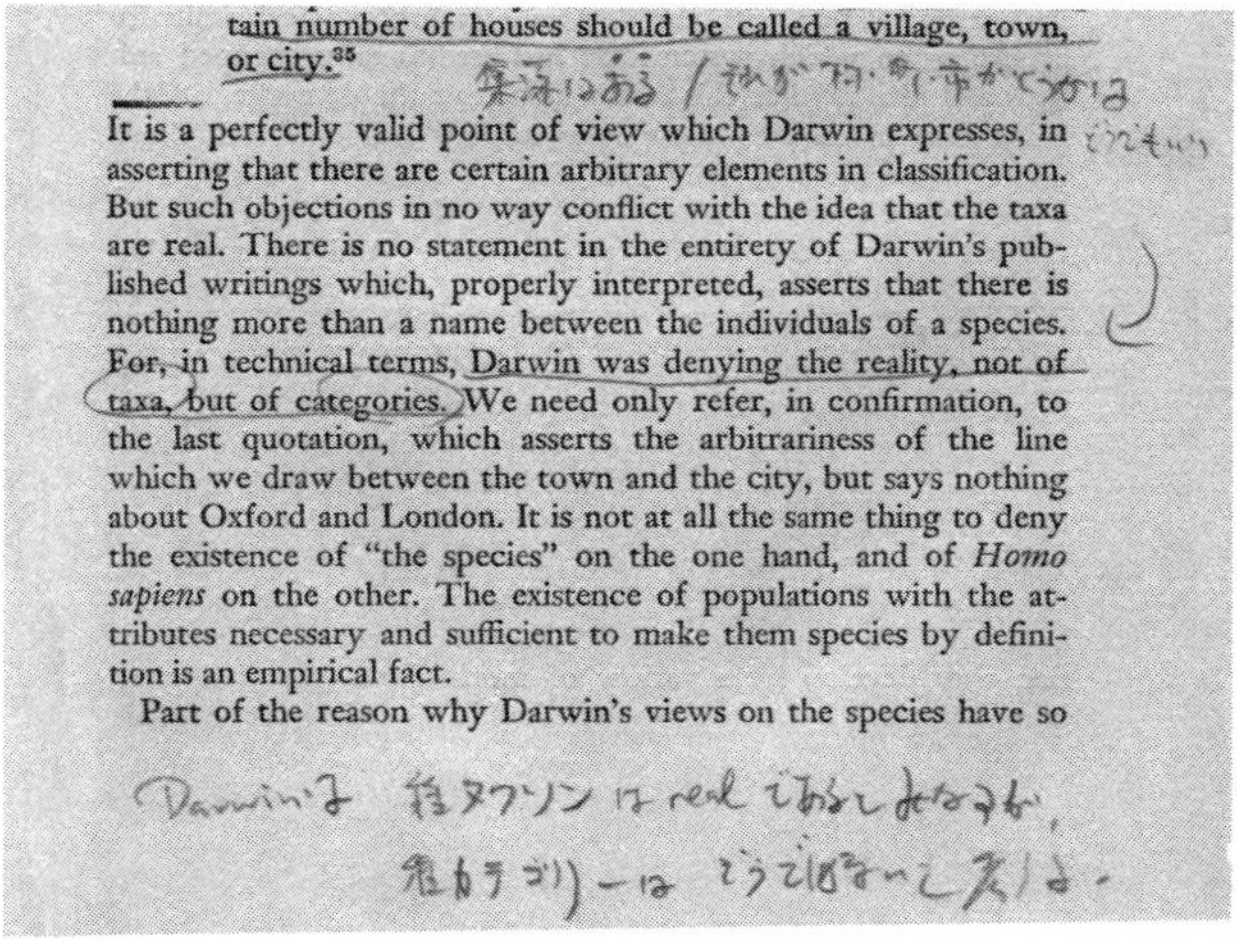
tain number of houses should be called a village, town, or city.[35]

It is a perfectly valid point of view which Darwin expresses, in asserting that there are certain arbitrary elements in classification. But such objections in no way conflict with the idea that the taxa are real. There is no statement in the entirety of Darwin's published writings which, properly interpreted, asserts that there is nothing more than a name between the individuals of a species. For, in technical terms, Darwin was denying the reality, not of taxa, but of categories. We need only refer, in confirmation, to the last quotation, which asserts the arbitrariness of the line which we draw between the town and the city, but says nothing about Oxford and London. It is not at all the same thing to deny the existence of "the species" on the one hand, and of *Homo sapiens* on the other. The existence of populations with the attributes necessary and sufficient to make them species by definition is an empirical fact.

Part of the reason why Darwin's views on the species have so

ここに示したのは、マイケル・ギゼリン『ダーウィン的方法の勝利』（Ghiselin 1969）を大学院修士課程だった頃の私が読んだときのあるページ（p.93）の“読書現場”である。見ての通り、下線を引いたり、マルジナリアにメモ書きしたりとありとあらゆる手段で備忘のための“痕跡”（目印）を残す努力をしていることがわかる。私にとって、読書における“狩り場”のイメージはこれだ。当時の私はまだ英語の本を丸ごと一冊読むのに慣れていなかったので、文字空間の随所に読書メモを細かく残しておかないとどうしようもなかったのだろう。あとでもう一回読み直すときにこれらの手がかりはとても役に立った。もちろん、私蔵本だからこそこういう自由な書き込みができるのであって、図書館などから借り出した本にこんなことをしては万死に値するので要注意だ。

ギゼリンの本書は、『種の起源』はもちろんそれ以外のダーウィンの諸著作をもふまえて、現代まで発展を続ける進化生物学のもっとも基本となる思想の骨格を示した名著だ。ギゼリンは、ダーウィンの業績は、当時の生物学の知見のみにとどまらず、もっと普遍的な思考様式（歴史学・哲学・科学哲学・形而上学など）によって背後から支えられていると述べた。

そこでは、『種の起源』という一冊の本をどう読むかという段階をすでに超え、ダーウィンの他著作すべてを視野に入れた上で、『種の起源』をどう位置づけるかという一段深いレベルでの読み込み方が読者に試されている。かつての私はそこまでの周辺知識が体系的に身に付いていなかったので、［図9］に示した私の〝読書現場〟では、生物分類と種概念をめぐるダーウィンの議論が種（species）に関わる形而上学上の「普遍論争（実在論と唯名論との対立図式）」に関わる部分を必死で追いかけて読み解こうとしているようすがうかがえる。

ある一冊の本を読み通すことはそれだけでも一仕事である。自分で備忘メモから読書ノードを構築し、さらに全体を体系化するツリーやネットワークをつくるという作業は気力と体力を求められる。乏しい事前知識をよりどころとして、一冊の本を読み進み、新たに得られた情報なり知見をひとまとまりの体系的知識として吸収することが能動的行為としての読書といえる。

ここでひとつの問題が浮上する。読者が文字空間で能動的に〝狩る〟ことが読書であるとしたら、狩猟者としての読者があらかじめ有している事前知識（技能）はどれほどの影響を及ぼすだろうか。極端な話だが、進化学や生物学の事前知識をまったくもたない読者が『種の起源』を読んだとしても、最後まで読み通せるかどうか疑わしいし、ろくな読書メモは残せないだろう。そこからノードやダイアグラムをむりやりつくってみたところで、得られる知識体系は貧弱なままにちがいない。

初心者であるその読者は、『種の起源』を読むときに、何が手がかりであるかをまだ知らないので、著者が残した〝踏み跡〟をうまく発見できる技量がないために、あとで役に立つかもしれない読書メモを刻むことができないのだと考えられる。とすると、訓練しだいでは狩猟者としての技能はまちがいなく向上するだろう。

読書の技能訓練とは何か。ひとつのやり方は、その同じ本を他の読者がどのように読んだかを知ることだ。たとえば、サイエンスライター北村雄一による『ダーウィン「種の起源」を読む』（北村 2009）を例に取ろう（［書影3］）。『種の起源』の章ごとのブックガイドとして書かれた本書は、他の読者がどういう点に着目しながらこの本を読んだのかを知る上でとても役に立つ。たとえプライベートな読書体験であっても、もし共有する機会がもてれば、自分自身の読書技能は確実に高められるだろう。

読書技能を高めるもう一つの方法は、かなり手間はかかるが、同じ著者が書いた他の著書をひもとくことである。ひとりの著者はあるつながりの中で複数の本を書くことがある。私自身もそうだと自認しているが、同一著者は本をばらばらにではなく、たがいに関連づけて書くことがある。たとえば、前に挙げたギゼリンの『ダーウィン的方法の勝利』(Ghiselin 1969)のような本があると、ダーウィンの全著作の中で主著『種の起源』が生ま

[書影3]

北村雄一
『ダーウィン「種の起源」を読む』
(北村2009)

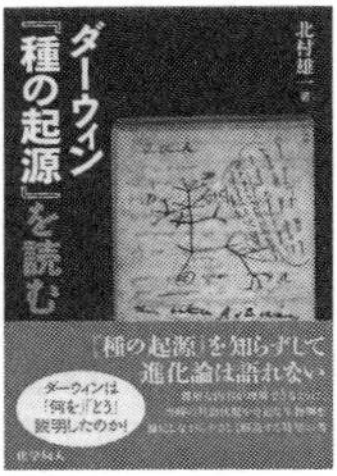

現代的観点から見ると、ダーウィンの『種の起源』は文体的に必ずしも読みやすい本ではないかもしれない。一文が延々と続くスタイルは現代人にはきっとお気に召さないだろう。本書は『種の起源』を最初から最後まで章を追って読み通した稀有の読書記録だ。章ごとに、箇条書きによるまとめを付け、適切に図版を挿入することにより、この大著の内容をブックレビューしている。元の本では挫折しかねなくても、この解説書ならばきっと最後まで生き延びられるだろう。本書は2009年度の科学ジャーナリスト大賞を受賞した。

れた経緯と文脈を知る上で役に立つだろう。

探検的読書の次元を広げることにより、私たちは文字空間の中で獲物と格闘しつつ狩猟する読者としてしだいに鍛え上げられていくことになる。では、その修行にやがて終わりは来るのだろうか。それは期待しない方がいい。ある本に固有の究極的な「真の正しい読み方」はないからだ。たとえ同じ本であっても、読み返すたびに新たな知見や発見を体験したことはないだろうか。今から150年も前に書かれた『種の起源』が現在もなお読み返される理由はそこにある。本は変わらなくとも、読者は変わっていく。読者が変わるとは、時代によって読者層が変遷していくというだけの意味ではない。同一の読者個人であっても、知識や技能が身に付くにつれて、同じ本の読み方が変わっていくという意味でもある。読書に終わりはないのだ。

本章の最初に登場したインゴルドは〝徒歩旅行者〟による知識の獲得とその熟練について次のように述べている。

歩行者は年を重ねて、賢くなっていく。したがって歩行者の知識の成長は、自らの人間性の成熟と等しく、後者と同じように一生を通じて続いていく。熟練者と未熟者とを分けるのは、熟練者の精神がより内容豊かであるということ——学ぶことが増えるごとに、さらに多くの表現が頭の中に詰めこまれるかのように――ではなく、環境の中の手がかりに対するより素晴らしい感受性や、こうした手がかりに対して、判断力や正確さを持って応えるためのより優れた能力を備えているということである。言うなれば、両者の差異は、どれだけ知っているかということではなく、どれだけよく知っているかということにあるのだ。(Ingold 2015, 訳書 pp.100-101)

つまり、読者としての技能や技量は単なる知識量ではなく、本に残された〝痕跡〟を敏感に嗅ぎ取る能力が研ぎ澄まされているかどうかである。その感覚が鈍っていたのでは、読書の往路でなすべき痕跡の抽出とノードの構築ができない。

では、往路における〝痕跡〟のサンプリングとノードの構築は、続く復路での全体の復元にどのようにつながっていくのか。歴史学者カルロ・ギンズブルグ(Carlo Ginzburg)は、部分的な断片的知識から全体を復元することはある固有の思考法に根ざしていると主張し、次のような筋書きを組み立てた。

人は何千年もの間、狩人だった。そしていくたびも獲物を追跡するうちに、泥に刻まれた足跡や、折れた枝、糞の散らばりぐあい、一房の体毛、からまりあった羽毛、かすかに残る臭いなどから、獲物の姿や動きを推測することを学んだ。人は絹糸のように微細な痕跡を嗅ぎつけ、記録し、解釈し、分類することを覚えた。人は密林のしげみや、罠でいっぱいの林間の空き地で、こうした複雑な精神作業を一瞬のうちに行なえるようになったのである。（Ginzburg 1979 [1986], p.166, 訳書 p.189）

この［狩猟でつちかわれた］英知の特徴は、一見して重要性のなさそうな経験的データから出発して、実際には実験が不可能なある複雑な現実にさかのぼる能力にある。またこの種のデータの観察者は、そのデータを一つの物語として配列する、という特徴も見せる。その最も単純な例は、「あるものがそこを通った」という物語的な配列の仕方だ。おそらく物語を語るという考え自体が、狩人の社会で、足跡を解読する経験から生み出されたのだろう（Ginzburg 1979 [1986], p.166, 訳書 p.190）

ギンズブルグは歴史学に固有の問題状況として、断片的な証拠からいかにして歴史という全体を復元できるのかを論じている。しかし、その問題状況は本書のテーマである読書論にもそのままあてはまるだろう。私たち読者は、読書の往路で拾い集めた手がかりをもって、復路で全体を復元するという作業を行なうからである。ギンズブルグははからずも

「読むことは狩ることである」という考えを援護射撃してくれる。

では、部分（痕跡）から全体（物語）を復元するという推論にはどのような特徴があるのか。ふたたびインゴルドに訊いてみよう。

要するに、カント的な旅行者が、自らの精神の中にある地図上で推論するのに対して、歩行者は地面の痕跡から物語を引き出すのだ。測量士であるよりも語り手である歩行者の目的は――カントが持っていたような――「分類と配置」、あるいは「その分類の中にあらゆる経験を置く」ことではなく、各々の印象を、その出来事との関係の中に位置付けることである。出来事は、印象の下地を作り、やがて印象と一致し、その印象についていくのだ。この意味で、歩行者の知識は分類的ではなく物語的なのであり、総合的でも概要的でもなく、終わりのない探索的なものなのである。(Ingold 2015, 訳書 p.101)

ギンズブルグと同じく、インゴルドもまた個々の痕跡から全体の物語を構築する「終わりのない探索」という思考プロセスを想定している。私の考える読書とは、読者それぞれが自分の知識と技量を総動員して、目の前に開かれた本を読み、ページごとに痕跡や目印を拾いながら、最終的には自分なりの全体像をかたちづくるという知的作業だ。部分から全体を構築するこの作業は、個人の責任のもとに行われるので真であるか偽であるかは問われない。しかし、それだからこそ「終わりのない探索」とならざるを得ない。

インゴルドは言う。

> よく知っている人は、世界に関する話を物語ることができるという意味だけではなく、周囲の状況に対する精緻に調節された知覚認知を持っているという意味で、語ることができる。たとえば、シャーロック・ホームズは、この意味で極めて博識であった。ホームズは自らを推論の達人として示したがっていたが、彼の真のスキルは、アブダクション――たとえば、一つの足跡の調査から、起こった事件のあらゆる糸を引き出す能力――にある。（Ingold 2015, 訳書 p.101）

私たちは最後の最後にやっと「アブダクション」という言葉に到達した。部分から全体への推論は一般に「アブダクション（abduction）」と呼ばれている（三中 2018）。前に引用したギンズブルグの主張を思い出してほしい。彼は狩人たる人間は「絹糸のように微細な痕跡」を手がかりにして、「獲物の姿や動きを推測することを学んだ」と記している

(pp.71)。部分や断片から獲物を推測する思考法（アブダクション）が狩猟を支える根幹であるとするなら、その獲物を「本」に置き換えれば、読書はまさにアブダクションに導かれる狩猟とみなせるではないか。既知の断片的な情報から未知の全体像を構築する推論様式であるアブダクションは、インゴルドが言うように、「終わりのない探索的なもの」である。そして、拾い集められた部分に基づいて全体をよりよく説明できる物語を求めてはてしなく推論は連鎖していく。

読書という行為をこのアブダクションの観点から見れば多くの点で理解が深まるだろう。まず往路で読者が拾い集めた痕跡は、読者個人にとって〝既知〟となる情報源である。読了後の復路の過程で構築しようとする知見の体系はいわば〝未知〟の全体に相当する。読者ひとりひとりがつくりあげた全体はあくまでも暫定的な結論であり、その真偽を問うことに意味はない。むしろ、読者が狩猟者として育つとともに、〝既知〟となる情報が増大し、技量が身に付くにつれて、推定される全体は限りなく改良されていくだろう。

フランコ・モレッティは文学研究にデータ分析に基づく統計学的な可視化の方法を持ちこんだことで知られている（Moretti 2005; モレッティ 2016）。彼の言う「遠読（distant reading）」――精読（close reading）の対語である（モレッティ 2016, pp.71-73）――はテクストそのものではなく、テクストのもつ何らかの属性を抽出して、それ以外を捨象しながら考察するという姿勢だ。彼は言う。

> 過去を現在と同じように、目に見えるものとすること。さまざまなネットワークを使うことが導く大きな変化のひとつだ。ネットワークはさらに、プロット全体の、特定の『区域』を目に見えるものとする。なにか重要な事物を共有するサブシステムだ。
> （モレッティ 2016, p.292）

モレッティは、樹形図やネットワークなどのダイアグラムを駆使して、『ハムレット』や『紅楼夢』などの著名な文学作品に登場する人物のネットワーク関係図を構築することで、それらの作品のプロットを可視化できると主張する。そのネットワークはもとのテクストから人物関係のみを抽出した点で、抽象度のより高い〝モデル〟とみなされる。このような〝モデル〟を用いた統計データ解析とシミュレーション実験を通じて、モレッティは文学作品の従来とは異なる読解ができるという（モレッティ 2016, p.295）。

私のオモテの仕事は統計学者なので、モレッティのこの主張はとてもよく理解できるし、彼のアプローチにはおおいに共感する。これまでの文学研究にデータ解析的な視点が欠けていたとしたら、むしろ積極的に進めていくべきだろう。フランコ・モレッティの「遠読」という読書アプローチは、データを踏まえたネットワーク構造解析とそこから展開される文学作品のプロットを分析するという点で、本章で私が説明してきた読書における〝アブダクション〟との共通点がいくつもあるように見える。

繰り返す。アブダクションとしての読書はまたはてしなく連鎖していく。読書に終わりはない。本を読むことはそれとともに読者が育つことであり、その途上での試行錯誤は最初から織り込み済みだ。ときに誤りつつも大胆に推論し続けることこそ読者の成長の証《あかし》といえる。

コラム1　〈探書三昧〉本を狩りに行く

私と同じ時期に読売新聞読書委員［写真1］として二年間ご一緒させていただいた木琴奏者・着物コレクター・エッセイストの通崎睦美さんは、同紙に掲載されたある本の書評記事の冒頭でこう書いている。

［写真1］

読売新聞書評本の棚（2020年12月16日つくば市観音台にて著者撮影）。読売新聞の読書委員を拝命したときから、私の居室の書棚の一角には「読売新聞書評担当本の棚」が用意された。そして2年間の任期を終えてみると、その棚には前後2段に重なって計60冊あまりの書評担当本がぎっしり詰め込まれることになった。任期中に掲載された書評の総数は60本を超えた。平均して毎月2〜3本掲載された勘定になる。飽きもせずよくも書き続けたものだ。

——世間には、無類の本好きがいる。本紙読書委員にも委員会の度、獲物を狙う狩人のように本の山に挑む本好きの方がいらっしゃる。（通崎2020）

あとでご本人にこっそり問いただしたところ、この「獲物を狙う狩人」のひとりは他ならない私だそうだ。第1章で、読者たる者、本をいったん手にしたら〝狩人〟になりきって最後までしっかり獲物を読み続けないといけないぞと本書の読者諸氏に対して私は檄を飛ばした（つもりだ）が、こと私に関しては、〝読書〟の時間だけではなく、〝蒐書〟の場でもやはり〝狩人〟のように他人には見えるのかと深く納得した。通崎さん、さすがはネイティヴ京女。眼力ありまくりです。まったく異論はありません。

実際、読書委員会の新刊選書台はもちろんのこと、街なかの新刊書店や古書店だろうが、あるいは図書館だろうが、本がずらりと並んでいれば私は節操なく〝蒐書欲〟の虜になってしまう。世の中にはどうしてこんなにたくさん本があるのだろうか。しかし、それでも、今ここでこの本を手に取らなければ、未来永劫もう二度と出会えないのではないか。本との「一期一会」を大切にするというのはひょっとしたら単なるよそいきの言い訳で、要するに、こと本に関しては私は極端に強欲なのだろう。

読む本をどのように探して蒐めればいいのか？——ある特定のテーマに関係しそうな本を検索する「探書」と、特段の目的をもたずに本を拾い歩く「蒐書」ではおのずとちがいがあるように私には思われる。本書の姉妹書である『読む・打つ・書く』でくわしく書いたように（三中2021, 第1楽章）、はっきりターゲットが絞られている探書では、システマティックあるいはランダムなやり方で求める本を探すようにしている。それはそれで〝狩猟者〟の手慣れた手腕が必要になるだろう。獲物を追い詰める執拗な気力と強靭な体力、そして最後は確実にしとめる気迫がものを言う。

一方、事前に標的を絞らない蒐書では、上の探書とはいささか色合いがちがっていて、別のタイプの〝心眼〟があった方がいいようだ。たとえば、私が読売新聞の読書委員をしていた頃（2019〜2020年）は、二週間に一度の読書委員会のたびに100〜150冊の新刊が展示台に並べられ、各読書委員はそこから興味のある本を数冊ピックアップして検討するというやり方で書評本の選書が行われていた（［写真2］）。

もちろん、すでに知っている著者だったり、近刊予告されていた本であれば、

［写真2］

読売新聞読書委員会の風景（2019年12月17日千代田区大手町にて著者撮影）。大手町の読売新聞東京本社で隔週開催されていた読書委員会では、一期一会の本との出会いを毎回経験することができた。選書台に並べられているのはすべて出版されたばかりの新刊で、その中から読書委員の目に留まった本を各自が抜き取る。それぞれの本をざっと見た上で、書評候補本になりそうなものは読書委員の間で回覧し、書籍リストを見ながら、それぞれ感想コメントを述べ合って合議するというのが今も続く読売新聞読書委員会の伝統的スタイルだ。そして、毎回かならず人形町〈今半〉の仕出し弁当が出されるのもお約束だった。

安心して抜き取れるのだが、そういう本ばかりではない。事前の情報がほとんどないまま、その場で書名を見て手に取り、瞬時に「ものになるか（＝書評対象本になるか）」を判断するわけだから、なかば直感に頼らざるを得ない部分は確かにある。いったん抜き取ってはみたもののちょっと読んでみたら予想していた内容とはちがっていたことも一度や二度ではない。そういう場合はすごすごと選書台に戻すことになる。

どうやって書評候補本を選ぶのかは、探す書評者と探される書評本の間の〝天啓〟にも似たほんの一瞬の〝ペアリング〟で決まると言ってよい。私がすでに見知っている著者やホームグラウンドの分野だと候補本の見立てをつけやすい。あるテーマに沿って話題の展開がわかりやすいプロットの本は有力候補だ。そのための手がかりは目次がきっちり書かれているかどうか。目次がいいかげんな本は最初から論外だ。あとは註や索引が付けられているかどうかもきわめて重要で、それらが欠けている本は書評に値しないと私は考えている。その一方で、まったく畑違いのアウェイな本が私に声をかけてくることも少なくない。はずしてしまうリスクが高いことは確かだが、これもまた一期一会の縁《えにし》なので、逆らわずに手にすると自分の読書経験は豊かになる。私は、大手町に通い続けた二年間に、出会い頭《がしら》にいきなり選書するわざを学んだ。本を狩る技術はだいぶ上がったのではないだろうか。

私にかぎっていえば、本のタイトルは選書・探書の手がかりにはならない。ヒット作のタイトルの一部が後発本に流用されているケースはときどき見受けられるが、あからさまに「柳の下の何とやら」が見えてしまって白けてしまうことはある。もちろん、商業出版社であれば〝売れる〟タイトルを付けたくなる事情はよくわかる。しかし、年に新刊が7万冊ほども出版されるこのご時世に、そうそうつごうよくタイトルで売れゆきが左右されるのだろうか。私は〝ジャケ買い〟をすることはあっても〝タイトル買い〟をすることはない。読者はもっと賢い。「本を狩る」とは穏やかならざる表現と思われるかもしれない。読者のひとりである私にとっては狩猟する〝標的〟はまだ知らない世界に関する知識だが、その知識を探し求めて登攀する〝山〟が本であるというイメージをもっていただければいいかと思う。

本書の読者のみなさんも、街なかの書店に立ち寄る機会があれば、書棚の間を歩きながら〝心眼〟だけに頼って選書をしてみるときっといい経験になるだろう。運がよければ予想外のいい本にたまたま出会うこともあるかもしれない。もちろん、ハズレであることもそれなりに多いのでお気をつけを。

第2章

読書術(基本篇)——大技と小技のあれこれ

第1章で、私は威勢よく「探検的読書論」を掲げて、私自身がこれまでどのように本を読んできたかについてのいわば〝持論〟みたいな見解を呈示した。そこで書いたことは、少なくとも私自身には確かに役に立ってきた。しかし、本の読み方はほんとうに人それぞれなので、ことさらに大風呂敷な総論や一般論を述べ立てても、そのまま他人に当てはまるわけではない。それと同時に、読書は文字空間を舞台とする冒険なので、首尾よく成就できることもあれば、途中であえなく挫折することだってある。そういう〝ネガティヴ〟な結末は隠すようなことではない。むしろ、多少の危険は織り込みずみの上で、果敢に本に挑んでいくという姿勢を私は強調したかった。

どんな本の著者でも、一冊の本を書き上げるまでに他人にはわからない努力を続け、多くの時間とエネルギーを注ぎ込んでいるはずだ（きっと）。それだけ思い入れのある本であればこそ、読者にそうそう簡単にさらさら読み終わってもらっては著者の商売は上がったりだ。長い本には長いだけの、難しい本には難しいだけの理由がある。「本はわかりやすく書かれるものである」という先入観はまず捨てよう。本を読んでみたけどけっきょく

「わかりませんでした」と白状することはけっして恥ずかしいことではない。冒険には失敗はつきものだ。

そりゃもちろん、世の中には誰もが称賛するような〝模範的〟な名文で本をさらさら書いてしまう〝模範的〟な書き手はきっといるだろう（知らんけど）。それはそれで何も文句を付けることではない。しかし、（私のように）ひねりの入った書き手は、読者を八幡の藪知らずに誘い込むようなすぐには解釈できない文章を平気で書いたりする。そして、（私のように）性格のワルい著者は、わざとこみ入ったようなスタイルの文章で読者を迷わせようとする。この世は〝模範的〟な本に満ち溢れているわけではない。困ったものである。

しかし、ことは単に著者の性格だけにはとどまらない。読者にとって畑違いの分野に属する専門的な内容の学術書は概してとんでもなく〝敷居が高い〟ことは容易に想像してもらえるだろう。実際、一般読者をまったく念頭に〝置かない〟専門書はそれを読むことを許される読者を最初からきびしく選別しているも同然だ。近年の生物科学や物理学の最先端の科学研究に関して言えば、たとえ〝一般向けの本〟として書かれていても、やはり〝一般読者〟にはなお難しすぎることはよくあるだろう。

そう深く悩むまでもなく、「一般書／専門書」の区分は白黒がはっきりしているわけではなく、単に連続的なスペクトラムの〝両端〟を見ているだけだろう。〝一般読者〟かどうかにいたっては、それ以上に多様度とばらつきが高すぎるにちがいない。ある任意の本を手にしたときの〝読みやすさ〟とか〝わかりやすさ〟は、その本が想定読者層に暗に要求する前提条件と実際にその本を手にする読者側の事前知識が合致するかどうかというケースバイケースのマッチングに帰着してしまうかもしれない。かくして、一般論はさらに遠のく。

さらに、みんながおもしろいと言っている本が自分にはぜんぜん好みではなかったり、多数派が口々にけなす本がとてもおもしろかったりすることはぜんぜんめずらしくない。読書に〝同調圧力〟は禁物だ。大勢でグループ旅行するのではなく、たった一人で山に入り、崖に挑戦する——孤独な読者に幸運あれ。

河出書房新社から本書の執筆依頼があったとき、すでに世にたくさんある〝本の紹介本（ブックガイド）〟ではなく、これまで類書がない〝本を読む技法〟に焦点を絞ってほしいとの要望が寄せられた。確かに、本書の姉妹編である前著『読む・打つ・書く』（三中2021）でも繰り返し強調したように、私たちは読みやすくわかりやすい〝流動食本〟に満足するのではなく、もっとホネのある本を読まないとねと檄を飛ばした。その手前、私にはそういう登攀のやりがいがある本の〝読み方〟について説明するという責任を感じないわけにはいかなかった。今回、その機会を与えられたのは実にタイムリーだった。

第1章に書いた〝総論〟は〝本を読む技法〟の第一歩だったが、以下に続く章ではそれを少しずつ肉付けするための〝各論〟を積み重ねていこう。本章では、実際の本を題材として、途中で挫折しない読み進め方と、それを可能にする技法の数々を説明することにしよう。以下で取り上げるのは、私が読んできた中ではきわめつけに分厚い本たちだ。多くの読者にとって、歯ごたえのある分厚い本を読みこなす読書術はきっと関心をもってもらえるものと私は考える。

2・1【完読】足元を見よ、メモを取れ、時々休め

最初の幕開きはとびきり分厚い本から始めよう。それは西村三郎『文明のなかの博物学：西欧と日本（上・下）』（西村 1999［書影1］）だ。この大著を通して、私は生物の〝分類〟をめぐる科学と科学史との交わりについてとても多くのことがらを学んだ。とりわけ、西洋における生物多様性の科学（すなわち分類学）が、個々の動植物の「記載の科学」から、体系的視点に立つ「分類の科学」へと変貌を遂げた時代にあって（Ogilvie 2006）、アジア文化圏の根底に横たわる本草学の〝分類観〟は、西洋的な博物学の系譜からはうかがいしれない異質さが際立つ。洋の東西を越えて、多様性の体系化が目指したものが何だったかを問う本書の視点は私にはとても説得力があった。生物学史の専門的な内容ではあったが、読み物としても抜群に楽しかった。

それにしても、ハードカバー上製本でずっしり2巻、総計約750ページというのは、この手の自然科学史分野の和書としては破格の分量だ。本書にかぎらず、これくらいの大著ともなれば、読み手はそれなりの覚悟をもって読み進まなければ途中で行き倒れてしまうだろう。しかし、分厚いからといってひるむことはない。

[書影1]
西村三郎
『文明のなかの博物学』（上・下）
（西村1999）

上下2巻を合わせると計750ページにも達するこの大著は、日本の本草学と西洋の博物学とを綿密に比較した名著だ。当時の京都大学教養部で生物学を教えていた西村三郎は、最初の頃は『日本海の成立：生物地理学からのアプローチ』（西村1974）や『地球の海と生命：海洋生物地理学序説』（西村1981）など自らの専門分野である海洋生物地理学の著作を出していた。その後、研究の軸足を生物学史に移し、本書を含めて、分類学の歴史をたどった『リンネとその使徒たち：探検博物学の夜明け』（西村1989）などの著作を次々に出版した。詳細な史実を積み重ねながら太いストーリーを紡ぎ出す著者の比類ない文章力は研究者にして作家のひとつのモデルといえるだろう。直接の面識はなかったが、私がまだ大学院生だった時代に、京都大学教養部生物学教室（当時）が発行していた雑誌に西村が出したある生物地理学の総説論文の別刷りをご本人から郵送してもらったことがあったことを思い出す。

第1章で書いたように、読書は本という文字空間を舞台とする〝狩り〟なので、読者は〝狩猟者〟としての立居振る舞いが求められる。読者がすでによく知っているなじみのある話題であれば、それは勝手知りたる〝狩り場〟だろうから、それほど緊張しなくても歩き進むことができるだろう。一方、まったく畑違いの分野やテーマを論じた本を読むときは、まちがいなく事前知識が乏しいだろう。そうなると、〝狩り場〟に進み入ったときに見たり聞いたり嗅いだりする体験がとてもたいせつになる。一見ささいな手がかりであったとしても、あとで振り返ったときに重要な手がかりになることもあるだろう。場合によっては、つい曲解や誤解をしてしまって迷子になることもあるにちがいない。

必ずしも大著にかぎったことではないが、私が本を読むときに心掛けている日常的な〝コツ〟を箇条書きにしておこう。

（1）一歩ずつ足元を見て先を進む。
（2）ときどき休んで周囲を見回す。
（3）備忘メモをこまめに書き残す。

第一の「一歩ずつ足元を見て先を進む」とは、言い換えれば、みだりに読み急いだり、むだに立ち止まったりせず、一定速度でさくさく読み進むことである。ともすれば、ページ数の多い本を手にすると、早く読み終わらなければと気ばかり焦ったり、逆に細かい箇所にこだわって先に読み進めなくなったりすることがある。それは無理もないことなのだが、読むペースを早めたり遅くするとかえって息切れしてしまうのではないか。それよりも、多少のでこぼこがあったとしても足元に気をつけて踏み越え、一定のペースで先に進んだ方が結果的には望ましいのではないかと私は考える。

その理由は、第二の「ときどき休んで周囲を見回す」にある。まったく休憩を取らずに〝狩り場〟を歩き回るわけにはいかない。一節なり一章なりを読み終えたらそこで一休みしよう。ただし、休んでもいいが、誰も寝てはならぬ。休憩タイムは復習タイム。歩いてきた経路を振り返り、どの地点でどんな風景が見えたか、おもしろそうな手がかりはなかったか、不注意な見落としをしたりうっかり通り過ぎてしまった場所はなかったかについて想起したり反省したりする時間だと心得よう。

その際に役に立つのが、第三の「備忘メモをこまめに書き残す」だ。人間はどんどん物忘れをしてしまう生き物だ。興味や関心を惹くことに出会ったとしても、それをこまめに備忘メモとして書き残しておかないとすぐに忘却の彼方へと消し飛んでしまう。第1章で述べたように、読み手は付箋紙を貼り、下線を引き、余白（マルジナリア）にメモ書きするなどの奮闘努力を重ねて忘却に抵抗しようとする。そうして生き残った狩猟の手がかりが読書の記憶としてつむがれることになる。ある本を読んだ記憶はいったん記録しておけば、のちのちまで役に立つ記録となる。自分自身の読書メモに加えて、同じ本を他の読者がどのように読んだかを書評や感想を通して知ることで、読後の記録はさらに膨らみを増すだろう。

私はどんな厚い本でもこのやり方を大筋で守りながら読むよう心がけている。西村三郎の本書もその例外ではない。大著ほど各章ごとの内容を自分なりに要約しながら、全体の流れをまずはおおまかにつかむ必要がある。最終的には私としては例外的に長文の書評記事（三中 1999）に育ってしまったが、これくらい自分で書きまくってやっと本書の全体像を見渡せるようになった。

書評を書くスタイルの分類と用法については、前著『読む・打つ・書く』（三中 2021）の第2楽章でくわしく述べた。自分の勉強を兼ねた「ブックレポート」的なまとめは読書記録（備忘メモの集積）としてあとでとても役に立つ。それと同時に、読み進みながらその途上で書かれていることがらをただ漫然とまとめるだけでは十分ではない。読み手である自分が〝狩人〟としてどのように主体的に攻めていけるかが問われる。大作・大著ほど読者の体力（気力はもちろんだが）が勝負を分ける。長距離走を走り切るには適切な体力と気力の分配とコントロールが肝要だろう。それと変わりはない。

そうは言っても、中世ヨーロッパの博物学と東アジア文化圏における本草学の歴史を過去から現代までたどるという壮大なストーリーを展開する本書は、読者に対して要求度がきわめて高いことは確かだ。それは本書の内容が細部にわたって専門的すぎるとか説明が難解であるという意味ではけっしてない。むしろ、物語が展開される舞台があまりに広大すぎて、うっかりすると読者が置いてけぼりを喰らってしまう点で読み通す上でのハードルが高くなっているということだ。

本書の論議の流れを大まかに描いておこう。古代ギリシャのアリストテレスに始まり、ローマ帝国からルネサンスへとつながっていった西洋博物学の歴史は、実用的な薬石の収集と分類に淵源をもつ古代医学の歴史とも重なっていた。ギリシャ時代の学芸が再評価されたルネサンス以降はそれに加えて「珍品収集」というもう一つのブームが付け加わる。そして、この博物学の知的伝統は18世紀のリンネとビュフォンをもってひとつの頂点をきわめる（西村1999, 上巻 第4－5章）。

西洋における博物学史の軸に対して、日本や中国を含む東アジアの本草学史はまったく別の軸を形成する。著者は東洋の本草学と西洋の博物学の間には「もはや本質的な相違はない」（同. 上. p.101）と言う。そのルーツとなった思想は朱子学の「格《かく》物《ぶつ》到《ち》知《ち》」（同 p.104）

すなわち森羅万象いかなるささいなものにも根本法則があるという哲学だった。この朱子学に基づく本草学思想の集大成と位置づけられるのが、16世紀末に著された李時珍の『本草綱目』だった。この著作はその後日本に入り、江戸時代の博物学に絶大な影響力を及ぼした。

『本草綱目』を輸入した日本の思想家たちは事物の正しい名（「正名」）を究める「名物学」の精神を取り込んだ。事物の正しい名を求めるというこの「正名」思想の浸透が、西洋における博物学の理論化・体系化への道筋とは異なる、個々の事物への執着と正しい名づけの重視という伝統を形成したと著者は主張する。「わが国の本草－博物学には、この名物学の傾向がのちのちまで濃厚につきまとう」（同 p.112）という指摘はとても重要だ。自然界に存在する多様な事物を対象とする博物学と本草学は理念的にはまったく異なるバックグラウンドのもとに発展してきたのである。

以上は本書上巻を私なりに鳥瞰した要約だ。この時点ですでにお腹がいっぱいになっている読者もいるにちがいない。しかし、ちょっと立ち止まって考えてみよう。前半部にあたるこの上巻で、著者は西洋博物学と東洋本草学という2つの直交する軸を設定している。読者が読み進むとき、さまざまな史実や事物――第1章で説明した「ノード」――のひとつひとつがこの両軸が張る平面上のどこかに位置づけられていることがわかれば、それらの間の関係やつながりを「ネットワーク」的に可視化できるようになるだろう。

このような大著だからこそ、最初はその全体像を把握することがとても難しい。とりわけ、本書の特徴は、通史的に時間を追って歴史を述べるのではなく、近代から出発して時間軸を逆行し、同時に空間的にも東洋と西洋を自由にまたぐ点にある。これに対処するためには、読者の狩猟戦略としては広大な文字空間を藪漕ぎして見晴らしのよい場所までとりあえず登ってみて、周囲の地形や景色を知った上で先に進むのがいい手だろう。いったんマップの試作品——そこには2本の直交軸が描かれているだろう——を自分なりにつくれたならば、それを頼りにして途中で得られた手がかりの数々を配置して徐々につないでいくというアブダクションの段階に進むことができる。

下巻になると、東洋本草学と西洋博物学との対比の視点が浮上する。著者のそもそもの問題提起は、西洋と東洋で博物学・本草学が歩調を合わせて発展し、社会の中で隆盛をきわめたにもかかわらず、その後の学問としての運命が両者でまったく異なってしまった原因は何だったか。

西洋の博物学は動植物などの自然物に関する知見を集積し、それを体系化することでひとつの理論体系をつくろうとする方向性が顕著だった。現代に至る分類学や体系学への道筋は最初の頃から敷かれていたと考えることができる（西村1999,下巻 第6章）。

一方、東洋の本草学では、それとは対照的に、蒐集された個々の事物に対しては偏愛的にこだわるが、それとはうらはらに、事物全体を包括して全体を見渡す理論や体系を構築する機運はまったくなかったと著者は指摘する（同,下巻,p.457）。著者の次の指摘は問題点の本質をするどく突いている。

わが国の本草－博物家たちは、西欧博物学を体系もしくは学問全体としてではなく、単に個別的な知識として――つまり、東洋本草家の立場からみて珍しいもの、貴重なもの、重要と思われるものをいわば個別に抜き出して、それに考証を加えつつ、みずからの本草－博物学のなかに取り込み、位置づけていったということだ。西洋本草―博物学がルネサンス以来営々と努め、築きあげてきた体系性およびその背後にある理論や学説などはほとんど顧慮することなく〈略〉ただ個々の事物だけに注目して、そのなかから珍しいもの、めぼしいものを適宜選んで自分たちの本草知識のレパートリーのなかに組み入れていったのである。（同,下巻,pp.459-460）

広範囲にわたる多くの事実の積み重ねを踏まえた議論を追いかけるとき、読者は著者の雄弁ぶりに単に振り回されるだけではなく、自分の頭で考えるための足場を確保しなければならない。読書する間に蓄積されたノードをどのように連結してネットワーク化するかは読者しだいだ。つまり、浩瀚《こうかん》な著作であるほど、読者の〝自由度〟は高いと考えられる。それでも、否定しようのない誤読あるいは曲読を回避するためには、著者の考えをそのつど確認しながら読むのが効果的だろう。

私は大きな著作を読むにあたってはたえず目次を参照して、全体のどのあたりまで読み進んだかを確認するよう気をつける。私自身が著者の立場になるとき、目次は本の内容の概要を示すチャートの役割を担っている。目次と内容は緊密に対応しながらたがいを磨き上げていく。したがって、ある本の文字空間の全体像はまずはじめに目次を見ればわかるだろう。それを頭に入れておくと、自分のアブダクションを立てるときに意外に役に立つことがわかる。

その点では、巻末の索引もまた同様に有益だ。索引まで読み込む読者はきっと少ないかもしれない。しかし、いま手にしている本がどのようなテーマについて論議を進めているかの詳細は、索引に拾われている単語を見ればかなり正確に見抜くことができるだろう。著者の立場で索引づくり（インデクシング）に関わるとき、私はかなり時間と手間をかけて、自分が書いた本の内容を表現するノードとして索引項目をピックアップしている。さらに、それらのノードとしての索引項目を連携させるネットワーク化も心がけている。きちんとした索引づくりがなされているならば、用語の階層化やクロスレファレンスなどを通じて、読者は苦労しなくても用語や概念の相互関係づけまでわかるだろう。

目次はたいていの本には付けられているだろうが、索引は場合によっては省略されていることがある。小説やエッセイでもない限り、そういう本は読むに値しないと私は考える。「読むに値しない」とはさすがに極言だろうと思われる向きはあるかもしれない。しかし、私は基本姿勢として「脚註・文献リスト・索引」がそろっていない本は問題外の外だと公言している（三中 2021, 第3楽章）。著者の読者に対する態度が透けて見えてしまうからである。目次と索引、侮るべからず。

2・2 【速読】自己加圧ナッジの術

世の中には物理的に〝巨大〟な本がある。私の書庫にもそういうキケンな〝鈍器本〟が何冊も横たわっている。判型が大きかったり破格に重かったりと〝凶器度〟はそれぞれだ

[書影2]
三浦慎悟
『動物と人間』
（三浦2018）

読売新聞で読書委員をしていたときは、隔週で大手町の読売新聞東京本社に出向き、ずらりと並ぶ新刊本のなかから書評候補本を選ぶのが仕事だった。あるとき、読書委員会の部屋に入ったら、文化部の担当者がつつつと近寄ってきて、「ミナカさん、これ、やりませんか?」と袖の下?からそっと出されたのが本書だった。しかし、“袖の下”というにはあまりに巨大すぎるB5判、本文は2段組で850ページという大著。束《つか》の厚さは優に5センチはある。しかも本体価格2万円という豪勢なお値段だ。新刊発売後3ヶ月以内に書評を書くという読売新聞の“鉄の掟”を考えたとき、こういう大著を書評本に選ぶのは読書委員としてかなりのリスクを背負い込むことになる。しかし、自然科学系でしかもこんなに厚い本ならきっと私しか手に取らないだろうという理由で“一本釣り”されたにちがいない。それを断るというのは私の沽券に関わると考え、震え上がりつつも引き受けることにした。読書委員はつらいよ。しかし、首尾よく書評記事が掲載され、その効き目があったのかどうか、なんと増刷までされてしまったと聞き（いったい誰が買ったんだ）、新聞書評の威力をあらためて再認識したしだい。

が、地震で書棚が揺れたりすると頭上から降ってこないかと気が気ではない。どうやら私は巨大な本を〝引き寄せる〟パワーがあるらしく、新刊書店や古書店に入るたびに大きな本がひしめくコーナーに誘引されてしまうことがよくある。電子本だと大きさとか重さという物理量とは無縁でいられるが、紙の本だとそうはいかない。大きく厚く重い本は持ち歩くだけで一仕事だし、ページをめくってもめくってもちゃんと読み進んだのかどうか不安になる。文字通り物理的に圧倒されるわけだ。

前節で取り上げた西村三郎『文明のなかの博物学』(西村 1999)はもちろん掛け値なしの大著だった。しかし、本節で登場する三浦慎悟『動物と人間：関係史の生物学』(三浦 2018［書影2］)はそれとは別の意味での大著だ。大部の本を最後まで読み進もうとするとき、全体像をなるべく早い段階で見通せれば著者が設定した筋書きがわかるようになる。西村の『文明のなかの博物学』全体を貫く柱は、西洋と東洋の地理的な隔たりを超えて、動植物・自然物を分類したり体系化したりする人間側の欲望は時代を超えて古代から現代にまでつながっているという認識だ。つまり、人間サイドから見た自然界の多様性の認識が時代とともにどのように移り変わっていったかというストーリーが骨格となる。

一方、三浦の『動物と人間』では、その視点が完全に〝裏返し〟にされる。

私は，この［動物と人間の］関係史を動物側の視点に立って分析・考察したいと思う．「動物側の視点」とはいったいなにか．それは，ひとことでいえば軸足を動物主体に置く，つまり，相互作用が成立する端緒や背景となった動物の生物学的な特性，あるいは関係を継続させた生物学的な要因に注目して，関係史を分析・考察する立場である．（三浦 2018, p.vi）

西村が人間サイドから自然を見るまなざしを論じたのに対し、三浦は逆に動物サイドから人間との関係を見直す論陣を張ったということだ。西村と三浦の2冊はたまたま生物と人間との〝関わり〟を異なる視点に立って論じている。同じテーマを共有する複数の本を読むことにより、論議の〝次元〟を高めることができる、その結果として、同じ事物や概念を相異なる方向から見直すことができる。一冊の本を読んで得られる知識単位としてのノード群とそれをつないだネットワークは、テーマが重なる別の本を読むことで、多少とも重なりのあるノード集合ならびにそれから得られたネットワークと関連づけられるだろう。本はばらばらに存在しているのではない。関連本の併読して学べる知識の体系は読者の思考空間を膨らませてくれる。

さて、私が『動物と人間』を読むことになったきっかけは、読売新聞読書委員として書評を書くという仕事だった（三中2019）。２０１９年1月22日（火）の読書委員会で本書を手渡され、読み始めたのが1月28日（月）から、読了したのは翌月2月11日（月）だった。ほぼ半月で本書を読破したことになる。本書は２０１８年12月はじめの出版だったので、読売新聞読書委員会の内規では出版後３ヶ月以内に書評を掲載しなければならない。実際の書評掲載日は2月24日（日）なので、幸いにもぎりぎりこの期限に間に合った。分厚い大著がなかなか新聞書評に取り上げられないのはこういう締切の制約——朝日新聞はさらにきびしく2ヶ月以内らしい——がきついからかもしれない。

この『動物と人間』の読書ログは途中でそのつどツイッターにつぶやくようにしたので、本書の〝登攀記録〟はすべて正確な日時で公開記録されている。ツイッターを利用した読書メモは、私が知るかぎり、まだ利用例がほとんどないようだ。そこで、私が２０１９年1月から2月にかけて『動物と人間』を読みながらつぶやいた備忘ツイート群を時間順に並べて下記に示す（三中2021b）。かなり長くなるが、ご容赦いただきたい。

＊

◆［２０１９年1月28日（月）］大手町の読売新聞読書委員会でも白状したように，本書の登攀は南米アコンカグアの登頂に匹敵する大仕事ではないかと．

［つくば］登攀開始の昼下がり．11／821だん．まだまだ準備運動ですな．posted at 13:07:36

［つくば］37／821だん．メガファウナ絶滅要因としてのヒトによる「オーバーキル仮説」論議．posted at 14:30:18

［つくば］46／821だん．初期人類の狩猟法の変遷．posted at 15:11:06

［つくば］61／821だん．最初の家畜であるイヌについて．ここまでが第1章．先は長すぎる．posted at 15:26:06

［つくば］第2章に入る．82／821だん．家畜化総論．posted at 16:15:42

◆［2019年1月29日（火）］

［つくば］86／821だん．家畜に向く動物は何か？　必須条件はいくつもある．posted at 12:00:47

［つくば］91／821だん．アナトリア高原での家畜化の起源．ヤギ・ヒツジ→ウシ→ブタの順にBP1・1万〜9千年に農耕の副産物として家畜化成立．posted at 12:20:38

◆［2019年1月30日（水）］まだ〝山〟の裾野をうろうろしている

[つくば] 95/821だん．農耕と家畜化に加えて搾乳による乳製品利用も同時に始まったと著者は推測する．生乳に対する乳糖不耐性に対する自然淘汰．チーズ及びヨーグルトの利用へ． posted at 12:30:09

[つくば] 99/821だん．家畜としてのネコ問題．なぜ奴らはヒトとわざわざ共存するようになったのか．「ネコは，ネコ以上でもネコ以下でもなく，たんたんとネコであり続けてきた」(p.98) というネコの〝矜持〟が絶妙な共生関係をもたらしたと著者は力説する． posted at 12:33:24

[つくば] 102/821だん．人畜共通伝染病のルーツ．いつも家畜からヒトに病原菌が移ってきたとはかぎらない．ヒトから家畜への逆コースもあり得たのではないかとの推測． posted at 12:40:22

[つくば] 104/821だん．現在の家畜の「有効集団サイズ(N_e)」は驚くほど小さい．数百万頭レベルで飼育されているホルスタイン牛であってもその有効集団サイズはなんと「数十頭」であり，個体群としての存続すらおぼつかないレベルに落ち込んでいる． posted at 12:48:30

[つくば] 107/821だん．今では家畜として扱われているミツバチはほんとうに家畜化されたと言えるのか．その繁殖様式にまったく介入できていないことから見ても，真

の家畜とは言えないだろう．以上で，第2章読了．posted at 12：54：03

［つくば］第3章へ．121／821だん．アナトリアからの農畜融合文化の伝搬をたどる．posted at 13：11：18

［つくば］第3章へ．128／821だん．遺伝子と言語から見た農畜文化のヨーロッパ伝播経路の推定．posted at 15：20：47

［つくば］第3章へ．139／821だん．ヨーロッパでのヒト集団の形質人類学．新石器時代における自然淘汰と性淘汰による急速な遺伝的分化．posted at 15：34：26

［つくば］148／821だん．ウマの家畜化はいかにして成功したのか．最初に野生馬に飛びついた勇者に栄誉を．posted at 15：49：46

［つくば］157／821だん．新石器時代から青銅器時代のヨーロッパを蹂躙《じゅうりん》した遊牧騎馬民族クルガンについて．第3章はここまで．posted at 16：05：10

◆［2019年1月31日（木）］そして山登りに一日も休みなし

［つくば］第4章へ．172／821だん．鉄器時代に成立したケルト文化での動物と人間との関係について．posted at 12：02：47

［つくば］176／821だん．古代ヨーロッパの動物観の基層を形成したケルト的多神

教と東方遊牧民文化との混淆．posted at 12 : 28 : 16
［つくば］178／821だん．農畜融合文化の自然への影響が拡大する．posted at 12 : 35 : 38
［つくば］197／821だん．古代ギリシャからローマ帝国へ．動物と人間との関わりを示唆する文字資料がどんどん増えてきた．第4章は以上．posted at 13 : 02 : 28

◆［2019年2月2日（土）］
［つくば］第5章へ．212／821だん．中世ヨーロッパの食事情はきわめて劣悪で，作物と家畜の生産性はとても低く，いつも飢餓の危機にあった．生産性の低さを大規模開墾によって補おうとしたため，ヨーロッパの自然環境への圧力はきわめて高く，野生動植物の個体数と多様度は急減．posted at 11 : 51 : 15
［つくば］224／821だん．狩猟の起源．鷹狩りは鳥類学を生み，シカやイノシシ狩りは領主の特権的娯楽となった．posted at 12 : 12 : 36
［つくば］226／821だん．中世支配者階級の「鹿狩り」の大流行は狩猟エリアとしての排他的な「鹿園（ディア・パーク）」を設置するまでになる．このディア・パークが後の「動物園」のルーツとなる．posted at 12 : 20 : 45

［つくば］227／821だん．森林管理は猟場管理に始まる．とくに，ブタを森林放牧してドングリで肥育する手法が広まった．「ブタは肥るよ，トントン拍子に」（p.226）．その一方で，ブタだけでなく，ウシ・ヤギ・ヒツジを過放牧したことによる環境への影響は無視できなくなった．posted at 12:25:07

［つくば］233／821だん．中世の食生活は貴族階級の徹底的肉食と庶民階級の必然的ベジタリアンの格差が大きかった．キリスト教が広まってからも支配者層の肉食文化は変わらなかった．彼らは「肉食系の大食漢ぞろいだった」（p.228）．posted at 12:41:38

［つくば］241／821だん．キリスト教の教義のもとでの動物と人間の関係について．神＞人間＞動物という階層は厳然としてあるが，キリスト教そのものが菜食主義という解釈はまちがい．ちゃんと肉を食っていた．ブタだけが遠ざけられたのは寄生虫の巣窟だったから．「君子ブタに近寄らず」（p.238）．posted at 12:56:46

［つくば］247／821だん．中世の有名な「動物裁判」について．人間と同様の〝裁判〟を動物に対して行なったのは，既存の「動物－人間関係」をキリスト教の教義で再規定するための重要な儀式だったからだろう（p.246）．動物裁判は動物にではなく人間にキリスト教秩序を教育する絶好の機会だった．posted at 13:11:03

［つくば］続）ヒル（蛭）が1451年にキリスト教から〝破門〟されていたことを知っ

た：「おまえ［ヒル］たちがすべての場所から消え去るまで，おまえとおまえの子孫は呪われるであろう」（p.245）posted at 13：14：24

［つくば］続）そういえば，昔々，池上俊一『動物裁判：西欧中世・正義のコスモス』（1990年9月，講談社現代新書・1019）を読んだことを思い出した．posted at 13：23：36

［つくば］255／821だん．続いて魔女裁判へ．魔女狩りが吹き荒れた16～17世紀は特定の動物たちも迫害された．その筆頭がネコだった．理由は明白で，「自分本位で自由気まま，人間を無視するような横柄な行動，「人間に服従すべき被造物」とのキリスト教的原則から外れていたこと」（p.254）．posted at 13：45：45

［つくば］続）ところが，キリスト教社会がネコを排除した報いが人間に降りかかる．捕食者がいなくなってネズミがノミとペスト菌とともに凱旋してきたので，黒死病の蔓延となった．「ネコの絶滅を呼びかけた教皇をはじめとする教会関係者は，ペスト拡大の推進者として記憶されてよい」（p.255）．posted at 13：54：27

［つくば］262／821だん．ネコ以外にもヘビ・コウモリ・フクロウ・ヒキガエル・サンショウウオがキリスト教的には「忌まわしい動物たち」とされ迫害を受けた．魔女裁判や動物迫害は古層の多神教世界観を一神教に強制的に方向づける運動だったのだろう（p.262）．posted at 14：05：52

［つくば］270／821だん．オオカミと人間との対決史．第5章は以上．posted at 14:20:00

◆［2019年2月4日（月）］

［つくば］第6章に入った．290／821だん．氷河期レフュージアであるスカンジナビアのサーミ人とピレネー山脈のバスク人が登場．まずはサーミ人とその末裔が高緯度地方でトナカイやセイウチとどのような関係にあったか．所有権がはっきりしているトナカイは家畜とはみなせないらしい．posted at 12:02:00

［つくば］302／821だん．衣服の起源とその素材を提供した動物との関わり．亜麻と木綿などの食物繊維と並び，動物由来の皮革や繊維が衣服に用いられた．まずは羊毛．イスラム圏では肥尾種のヒツジの羊毛が絨毯の素材として重宝されたとのこと．posted at 12:56:11

［つくば］317／821だん．中世ヨーロッパの毛皮交易について．毛皮の「なめし」技術の進展とハンザ同盟の商業ネットワークが相まって，毛皮交易はさかんになった．その一方で，ビーヴァー，カワウソ・ミンクそしてリスなど良質の皮をもつ小型哺乳類は徹底的に狩り尽くされた．第6章はここまで．posted at 13:39:22

◆［2019年2月5日（火）］山登りに休みなし
［つくば］第7章へ．337／821だん．イベリア半島産のメリノ種の羊の話．スペインを経済的に支えたこの〝羊毛産出マシン〟がヨーロッパ全域に及ぼしたさまざまな影響を論じる．posted at 11:13:20
［つくば］345／821だん．香辛料の交易．スパイスもアルコールもその殺菌作用がヒトの嗜好を強化した．posted at 11:35:10

◆［2019年2月6日（水）］小人閑居して濫読をなす．
［つくば］349／821だん．16世紀以降の大航海時代がもたらしたスパイス戦争に付随する野生動物の人為的絶滅．モーリシャスのドードーなど鳥類，そしてゾウガメ類にとっての災厄．posted at 09:35:25
［つくば］358／821だん．ハンザ同盟時代に続くオランダ・イギリスでの大規模なニシン漁がニシン個体群動態に及ぼした「漁業誘発進化」（p.357）について．posted at 09:48:04
［つくば］366／821だん．バスク民族に始まる商業捕鯨の誕生．西欧列強による大

規模捕鯨により，とりわけホッキョククジラは急速に個体数を減らしていった．posted at 10 : 01 : 51
［つくば］371／821だん．ニシンとクジラに続いて，タラもまた大規模漁業による徹底的な人為淘汰を受け，資源量が崩壊するにいたった．その巻き添えを食って，北米のオオウミガラスも絶滅に追い込まれた．posted at 10 : 13 : 57
［つくば］376／821だん．キリスト教的世界観が自然界の収奪を当然のこととした．「自然物と動植物の有限性の無視」「被造物は所有物であるとの誤解」「簒奪《さんだつ》への心理バリアの欠如」．第7章はここまで．posted at 10 : 27 : 29
［つくば］第8章へ．397／821だん．モンゴロイドがベーリング地峡で新大陸に移住し，一千年の間に南アメリカ南端まで拡散した．南米ではラクダ類の家畜化が進み，ヴィクーニャからアルパカが，グアナコからリャマがそれぞれ家畜化された．このラクダの「糞場」がジャガイモ原種の故郷だった．posted at 10 : 50 : 45
［つくば］399／821だん．アンデスでのクイからモルモットへの家畜化はネズミを家畜とするという点で稀有の事例だった．その家畜化の目的は，食肉用というよりは，むしろジャガイモを栽培するための糞を生産する「肥料用家畜」（p.399）とみなされている．posted at 10 : 59 : 00

［つくば］406／821だん．中米のメソアメリカ文明におけるテオシントからトウモロコシへの育種について．※ここまででやっと〝五合目〟に到達した．頂上まであと半分．posted at 11：10：38

◆［2019年2月7日（木）］今日も朝から山登り

［つくば］419／821だん．16世紀以降の北米先住民とヨーロッパ移住者とのビーヴァー毛皮交易．ビーヴァー利権をめぐる民族間抗争へと発展し，18世紀には長年にわたるビーヴァー乱獲による個体数の激減をもたらした．posted at 09：43：46

［つくば］430／821だん．17世紀の帝政ロシアによるシベリア支配は主としてクロテン毛皮の現物税徴収を前提に成立していた．クロテンを含むシベリア産イタチ類は根こそぎにされてしまい，次なる経済動物として標的となったのが北太平洋岸のラッコの毛皮だった．posted at 10：08：57

［つくば］433／821だん．ラッコ乱獲による海洋生態系の攪乱．ラッコ個体数の激減は被食者ウニの個体数増加をもたらし，ウニが食べるジャイアントケルプ群落の衰退につながった．このケルプを主食としたステラーカイギュウの絶滅の原因は必ずしも人為的とはかぎらなかったかもしれない．第8章は以上．posted at 10：20：04

［つくば］第9章へ．４４８／８２１だん．18世紀イギリスにおける博物学ブームに連動する，女性ファッションの流行が世界中の鳥類の存続に与えた大きな影響．鳥の羽をあしらった帽子が19世紀に大流行したために，東南アジアや中南米熱帯の美麗な鳥類が捕り尽くされてしまった．posted at 10 : 41 : 51
［つくば］４５６／８２１だん．19世紀イギリスにおける家畜育種法の進展について．ウマ（サラブレッドとポニー）・ウシ・ヒツジ・ブタ．posted at 11 : 03 : 05
［つくば］４６１／８２１だん．19世紀イギリスでの愛玩動物の大規模な品種改良．イヌの育種は社会的大流行となり「犬闘課題」（p.458）が次から次へと．また，中世にはあれほど忌み嫌われたネコちゃんは一転してアイドルに転身．「俄然，風向きが変わった．いい加減なのだ，人の気持ちは」（p.460）．posted at 11 : 19 : 37
［つくば］４６４／８２１だん．同じくイギリスでの鳥類愛好家たち．ハトの大ブームはチャールズ・ダーウィンをも巻き込んだが，同時代にはセキセイインコとカナリアもせっせと品種改良された．posted at 11 : 25 : 31
［つくば］４８６／８２１だん．近代博物学と分類学の進展．植物園・動物園と博物館を支えた蒐集熱のかぎりない高まり．posted at 11 : 54 : 02
［つくば］４９８／８２１だん．イギリス下層社会における動物に対する娯楽的虐待．

「ねずみ掛け」ゲームに用いられたドブネズミが家畜化され，そのアルビノ系統からのちの実験動物である「ホワイトラット」がつくられた．また，闘鶏ゲームの用語「スパーリング」はのちに同義のボクシング用語に転用された．posted at 12 : 09 : 11
［つくば］５１０／８２１だん．動物虐待から動物愛護へと一転した19世紀イギリスの時代背景について．第９章は以上．posted at 13 : 27 : 29

◆［２０１９年２月10日（日）］雪降る前に観音台から搬出してきた〝アコンカグア〟山だったが，昨日は軟骨ソーキのお世話に明け暮れて，一歩も登攀できなかった．次なる第10章に進撃するぞ．
［つくば］第10章５４４／８２１だん．17世紀以降の北米大陸に押し寄せた入植民は先住民への侵略とともに，野生動物への大きな脅威となった．オジロジカ，バイソン，プレーリードッグ，ハイイロオオカミ，そしてリョコウバトなどの〝絶滅物語〟は動物生態学の観点から再検討する必要がある．posted at 11 : 27 : 02
［つくば］第10章５５９／８２１だん．大捕鯨国たるアメリカが18世紀から19世紀にかけて，巨大な「鯨油産業」を発展させ，ヒゲクジラの鯨皮とマッコウクジラの脳油を求めて捕りまくった歴史．日本もまた捕鯨の標的漁場となった．マッコウクジラの脳油によるエ

コロケーションシステムが精緻すぎる．posted at 12:31:05
［つくば］第10章579／821だん．アメリカでの自然保護主義の対立と進展．「利用のための保全」vs.「尊厳を守るための保存」をめぐる19世紀の論争について．posted at 13:03:14
［つくば］596／821だん．1973年制定のアメリカ「絶滅危機法」の精神について．「アメリカの自然保護と野生動物管理は，合理主義と非合理主義という両極の思想の共存によって支えられている」「だが，北米の制度や原理は，はたしてグローバルスタンダードだろうか」（p.595）．第10章は以上．posted at 13:30:55
［つくば］第11章へ進撃．632／821だん．アフリカ大陸における旧宗主国のハンティング熱が動物保護政策と保護地域設定に及ぼした大きな影響いろいろ．posted at 16:53:33
［つくば］650／821だん．ドイツにおける環境運動と動物保護の理念．エルンスト・ヘッケルの時代からつながるロマン主義科学と全体論生物学の根強い影響力．第11章は以上．posted at 17:49:49
［つくば］第12章へ．701／821だん．日本の捕鯨の歴史と現在にいたる水産資源管理の問題点を提起する．「日本はクジラ類の資源管理においてけっして誠実ではなかっ

た」(p.686)：「生物資源の現状とその保全・管理と正面から向き合うことのない水産庁の姿勢がみてとれる」(p.701)．posted at 22 : 48 : 22

◆［2019年2月11日（月）］登頂への一直線
［つくば］723／821だん．アメリカにおける環境倫理学の系譜をたどり，動物権利論・自然権利論をめぐる論議が現在とどのようにつながるのかを概観する．第12章は以上．posted at 10 : 29 : 46
［つくば］終章782／821だん．現代社会における生物多様性と環境政策の変遷と論議．環境経済学の重要性を強調：「地球上の環境問題の本質は，けっきょくは富の分配と社会的公正にかかわる問題に起因している」(p.782)．終章は以上．posted at 11 : 12 : 33
［つくば］結びの「おわりに」読了．「動物たちの無数の足跡は人間の悠久の歴史のなかに溶解し，汲めども尽きないのだ．動物と人間との結びつきがこれほど深く多様だったのか，あらためて思い知らされた．しかし同時に，これほどおもしろく，刺激に満ち，興奮させられた作業もまたなかった」(p.791) posted at 11 : 17 : 58
［つくば］以上をもって：三浦慎悟『動物と人間：関係史の生物学』(2018年12月，東京大学出版会）の登攀成就．動物目線から見た人類史の大きな〝物語〟の大河を堪能した．

posted at 11 : 20 : 12
［つくば］これで安心して次回の読書委員会に〝アコンカグア〟登頂報告と大評原稿を出すことができる．　posted at 11 : 23 : 38

＊

このように読書ハンティングの記録をリアルタイムできちんと残しておくと、読みながら気づいた手がかりやノードのサンプリングが読書メモとして保存される。もちろん、付箋紙を貼ったり書き込んだりという手も使えるのだが、ツイートするのはもうひとつの備忘のための有効な記録手法だと私は考える。それればかりではなく、途中までの足取りを書き留めておくことで、残りの登攀をやり遂げるよう〝自己加圧ナッジ〟することもできるだろう。読書はつねに孤独な営みなので、自分で自分を鼓舞する大技小技はいくつも用意しておきたい。

前に示した読後ツイート群は、私が一読者として『動物と人間』を読みながら、視野に入ったさまざまな〝手がかり〟や〝目印〟をメモ書きあるいは引用文として保存した断片の集まりである。これらの断片をまとめれば章や節ごとのノードになり、それらのノードをつなぐことで本書全体を見渡すネットワークへのアブダクションが可能になる。私が読了後に書いた書評（三中2019）はこのアブダクションを踏まえて書かれている。

それにしても――『動物と人間』の〝登攀記録〟をいま読み返すと、当時私はとても苦しい〝登山〟をしていたことが思い出される。「読書は楽しい時間」とか「読書はリラックスできる」という話を耳にすることがある。確かに、そういう幸せな読書があってもいいだろう。しかし、少なくとも私の場合、たいていは〝狩猟〟のために文字空間をかきわけつつ、ときには藪漕ぎしたり、ときには崖をよじ登ったりしているので、趣味あるいはくつろぎという表現とはまったく無縁な、〝修行〟としての読書をすることの方が多かった。大きな本を抱えては、汗をかきながら呻吟《しんぎん》してきたと言うべきだろうか。仕事（生業《なりわい》）として本を読んだり、書評したり、書いたりしてきたせいもあるだろう。この点では、本に対する基本的な向かい方が他の多くの読者とはちがっているのかもしれない。

いずれにせよ、一冊の本を手にしたとき、私はいつも〝狩猟者〟あるいは〝登山家〟の顔つきになる――「なぜ本を読むのか」と問われれば、すかさず「そこに本があるからだ」と答えるくらいには。

私の〝登攀記録〟からわかるもう一つの点は、たとえ時間的余裕がなかったとしても、いわゆる「ななめ読み」とか「飛ばし読み」はしていないことだ。必ずすべて読んでいる。書評デッドラインが設定されていて締切は動かせないにもかかわらず書評本は途方もなく厚い——〝速読術〟のような神技があればすがりつきたいと、せっぱつまった読者ならそう夢想するかもしれない。原理的には不可能なことではないだろう。文字空間からの情報サンプリングを効率化して、できるだけ少ないサンプルで最大の情報を得るようにすればいいわけだから。しかし、世の中はそうはうまくいかない。録画を〝早回し〟して見るように、本を〝速読み〟する技法がたとえあったとしても、それはそもそも「本を読んだ」といえるのだろうか。

私自身はそういう〝読まないための抜け道〟をあれこれ考えるくらいなら、日々着実に読み進むことをかなり強く勧める。たとえば、この『動物と人間』は計850ページある。私の登攀に要した日数は15日だったので、単純に割り算すれば毎日55〜56ページ読めば読了できたことになる。一日50ページという分量はけっして不可能ではないだろう。その2倍の1ヶ月をあてたとすると、毎日25ページだ。さらに楽に読めることは明白だろう。

つまり、四の五の言わず毎日読み続ければ、どんな大著であっても意外に早く読み終わる。私はこの人生の真理を〈整数倍の威力〉と勝手に名付けている（三中2021, 第3楽章）。けっきょくは地道にしっかり読み続けることが満願成就への唯一の近道だ。兎みたいにぴょんぴょん跳ねても幸せはやってこない。不器用に歩む亀にこそ栄光あれ。

2・3 【猛読】アウェイな読書のトラブルシューティング

すでに登場した『文明のなかの博物学』と『動物と人間』の両書は、確かに大著ではあるが、読者である私にとっては、生物学というなじみのある分野――〝ホームグラウンド〟といってもさしつかえないだろう――の本だった。それに対して、ここで取り上げようとする山本義隆『磁力と重力の発見』（山本 2003［書影3］）は物理学に関する「力」の概念史を論じた3巻本だ。しかし、残念なことに、私にとっての物理学はまちがいなく畑違いの〝アウェイ〟な学問分野である。

ある本を読み進む上でわかるかわからないかは、その舞台が読者にとって〝ホームグラウンド〟かそれとも〝アウェイ〟かは、論じられているテーマや内容に関する「事前情報」をどれくらいもっているかどうかのちがいに帰せられる。もちろん、そのちがいは読んでわかるかわからないかという二者択一ではなく、連続的なスペクトラム上の〝内分点〟みたいな状況を想定すればいいだろう。

それでも、ちょっとした〝業界〟内の用語や概念の使われ方あるいは数式や数学の出され方によっては、事前情報のなさが響いて、人知れず〝アウェイ感〟に打ちひしがれる読

［書影3］
山本義隆
『磁力と重力の発見』（全3巻）
（山本2003）

著者の名前を聞いて「東大全共闘元議長」を記憶の底から掘り起こすか、「駿台予備学校物理講師」を思い浮かべるか、それとも「科学史研究者」を連想するかで、世代が分かれるかもしれない。安保闘争とも三里塚闘争ともまったく無縁の“ノンポリ”な学生時代を送った私にとって“山本義隆”はもっぱら21世紀になって登場した科学史家というイメージが強い。本書『磁力と重力の発見（全3巻）』を皮切りに、『一六世紀文化革命（全2巻）』（山本2007）と『世界の見方の転換（全3巻）』（山本2014）というい ずれも大部の科学史三部作を次々に書いたおそるべき筆力、そしてそれらをいかにもみすず書房らしい“近寄り難い真っ白な装幀”で出版し続けた版元にはひれ伏すしかない。科学の大きな歴史の流れを描いたこの三部作は物理学史には疎かった私にも充実した読後感をもたらしてくれた作品だった。フルパワーで押してくる大著をしっかり受け止められるだけの基礎体力のある読者でありたい。

者もいるにちがいない。同じ本であっても〝ホームグラウンド〟な読者にとっては心地よい草原なのに、〝アウェイ〟な読者にとってはごつごつした岩が転がる荒地かもしれない。まあ、その程度の心情的なハードルの高さのちがいがときどき露見することは誰しも経験したことがあるだろう。よくあることなので、あまり深刻に考えなくてもよい。

ここで〝アウェイ〟な場所で読書ハンティングをするときによく遭遇するトラブルについて知っておいて損はないだろう。それは、本に書かれている大事な手がかりをうっかり見落としてしまって、ノードやネットワークの構築に欠落箇所が生じることがある。とくに、スピードを上げて獲物を追跡しているときに、著者が残した重要な〝踏み跡〟をまたいで見過ごしてしまうことがある。先まで読み進んでから看過に気づいて後戻りすることになる（悪くすると最後まで気づかないかもしれない）。

〝アウェイ〟な本だからといってむやみに速読してしまうと、〝ホームグラウンド〟な本よりもはるかにノードのサンプリングが少なくなってしまう。ノードが少ないといくらアブダクションをしようとしても復元されたネットワークは粗雑なできになってしまうだろう。事前の知識で装備されていれば防げたにちがいないこういう事故があることを想定するならば、あらためて〈ゆっくり急げ（Festina lente）〉という西欧の古い格言の教訓を噛みしめよう。

この『磁力と重力の発見』は物理学における「力」の概念の歴史的変遷をたどった本だ。とりわけ重要なキーワードである「遠隔力」――重力や磁力など〝遠隔作用〟として及ぼされる力――をめぐるさまざまな言説を通じて、自然科学の根幹に関わるテーマを浮かび上がらせていく。古代から近代に至る物理学のさまざまな概念が、歴史的人物や著作とともに、次から次へと登場するので、私はかなり執拗に傍線を引き、マルジナリアにメモ書きを残し、さらに付箋紙を幟のようにはためかせながらぐいぐい読み進んだ。

計1000ページを超える大著なので、骨格となる大きな〝地形〟は最初のうちに把握しておけば、本道から大きく逸れて迷子になってしまう心配はない。本書が目指す大きな目標は、遠隔力の説明原理としての「遠隔作用論」と「近接作用論」を対置させることにある。古代ギリシャの自然哲学では、遠隔作用は万物に付随する霊的な生命（アニマ）に由来するというタレスの「物活論」（第1巻，p.18）と、遠隔作用は目に見えない近接作用に還元できるというプラトンの「還元論」（第1巻，p.54）が長らく対立していた。言い換えれば、説明原理としての遠隔作用論は神秘的な有機体的全体論であるのに対し、近接作用論は機械論的還元論に根ざしていた。この対立が中世にかけてどのように尾を引くのかが続く論議の中心となる。

物理学の歴史はさまざまな実験や観察を通じた経験主義が大きな役割を果たしてきたと

読者の多くは考えるだろう。しかし、本書を読み進むと、その経験主義の伝統がルネサンスにおいては「魔術」と事実上合体していた歴史を知ることになる。ここでいう魔術とは、超自然的なオカルト魔術（「ダイモン魔術」）ではなく、むしろ実証主義に根ざした実験・経験をきわめて重視する魔術（「自然魔術」）である（第2巻，p.348）。私たち現代人がイメージする〝科学〟は当時まだ形をなしていなかったということだ。著者はこの自然魔術が近代科学の成立に果たした役割を積極的に再評価しようとする。

遠隔作用論すなわち物活論が実験科学としての自然魔術の伝統に取り込まれることにより、かつてはアニマによる霊的な説明原理が一転して実験的・定量的な近代科学理論としての色合いを強めていく。演繹的な中世スコラ学と超自然的なダイモン魔術を両極端とするスペクトラムの上で、非演繹的かつ実験ベースの自然魔術がある内分点に位置するという著者の主張は説得的だ。近代科学がじわりじわりと形をなしていくようすが見えてくる。実験魔術がなかば錬金術のような秘匿性（神秘性）を帯びていたのに対し、誰もがその方法と知見を知ることができるという科学としての公開性（世俗性）を高める方向に移行していったという著者の指摘（第2巻，p.601）に深くうなずく。

経験主義に則った実験魔術あるいは実験哲学は「遠隔力」に関する問題設定そのものにも再検討を迫った。「遠隔力とは何か」という古来の本質主義的な存在論の問いかけ（本質と原因への問いかけ）を放棄し、その代わりに、「遠隔力はどのように作用するか」という物理的法則性の定量的解明を解決すべき問題として設定した（第3巻，pp.850-860）。遠隔力の法則性を解明することで、遠隔力の概念が長らく帯びていた魔術的な性格はきれいに合理化されたと著者は言う（第3巻，p.862）。力に関する遠隔作用論はこのようにして近代の経験科学の中に無事着地した。

本書を最初に手にしたときは物理学史の新刊と思い込んでいたのだが、読み進むにつれてそれだけではないスケールの大きさを感じるようになった。物理学というローカルな個別科学における「力」の概念形成史をケーススタディとして追究した本書は、物理学史だけにとどまらず、もっと普遍的な自然思想史の一般論として読まれるべきだろう。物理学のたどってきた道を生物学のそれと比較してみると、両者のちがいは明白だ。たとえば、存在の学としての形而上学は、なぜ物理学では〝無害化〟できたのだろうか。一方の生物学では形而上学的な論議（「種 species」とか高次分類群の存在論）がほぼ〝野放し〟されたままアリストテレス以来２０００年以上も跋扈《ばっこ》して現在にいたっている。物理学は普遍的に定義される「類（class）」を論じる学問であるのに対し、生物学はそのような定義がもとできない「個物（individual）」を対象としているからだろうか。そして、問題設定自体から削り落とされた形而上学は将来にわたってはたしてこのまま休眠し続けるのか。

以上、1000ページの本をたった数パラグラフで要約してしまった。〝大著フリーク〟の一読者として言わせてもらえば、〝アウェイ〟な分厚い本ほど備忘メモをたくさん残し、できるだけ短く要約するトレーニングを積めば〝狩猟力〟を高める上で効果がある。事前知識のハンディキャップがあるので、ノードのサンプルサイズが小さいのはしかたがないとしても、構築されたネットワークがどれほどうまく本文内容を説明できるかは別個に評価できる。著者が目指した「大きな物語」を読者として追い切れているだろうか、迷子になって脇道に入り込んではいないだろうか、そして本の山の向こう側に広がる遠景を見渡すことができただろうか。

2・4 【拾読】読み尽くさない術

他人がどのような本を集めているかが気になってしまうのは、自分自身が〝蒐書〟への強すぎる偏愛（オブセッション）があるからにちがいない。とりわけ、憑かれたように本を蒐め続けているひとを傍から眺めるのは秘めたる快楽である。見てはならない行為をうっかり見てしまったようなその背徳感は、他の誰かの蔵書をそっと盗み見るような他言はできない悦楽に通じているのかもしれない。個人蔵書の書棚に並んでいる本はそれらを蒐めて配架した人の〝本性〟をさらけ出しているからだ。

その一方で、ある個人が蒐書した本のコレクションは、それぞれの本よりも、もっと広くもっと多くのメッセージを伝えてくれる。第1章で説明したように、一冊の本を読むことは、断片的な手がかりの積み重ねをふまえて、ノードからネットワークを構築するアブダクションである。しかし、その本を読み終えたとき、読者が行なうアブダクションという行為もまたそこで終わってしまうのだろうか。

私はけっしてそうではないと考える。なぜなら、それぞれの本はこの世の中でぽつんと〝孤立〟して存在しているわけではないからだ。著者の立場からいえば、ある一冊の本は前作の内容を受けて書かれたり、あるいは他の著者の影響のもとに執筆を思い立つことはあるだろう。本の書き手はこれらの相互関係の中でものを書いていると私は推測する。

私自身のことを言えば、過去に書いてきた何冊もの自著はたがいにつながり合う一本の〝本の系譜〟をつくっている。他ならない本書もまた前著『読む・打つ・書く』（三中2021）の〝姉妹本〟――正確には〝子孫本〟――であると私は位置づけている。さらに言えば、同じ研究者コミュニティーに属する他の著者が発表した著書や論文、そしてその外側に位置する隣接分野の研究アウトプットも私の著作にさまざまな影響を及ぼしてきた。私はこれらの錯綜した作用・反作用の力関係の中で自分の本を書いてきた。

こう考えると、たとえ一冊の本を読者が首尾よく読み終えたとしても、それは新たな始まりへの第一歩にすぎない。終わりは始まりのエイリアスだ。読了したその本がある分野に属する一冊ならば、その分野の近い場所に次に読むべき本があると考えるのはごく自然のなりゆきだ。読了本に引用・参照されている文献リストが付けられていれば、それを手がかりにして次に読む本を選ぶことができるだろう。蔓を手繰るように読者は次から次へと読む範囲を広げていくことができる。その意欲さえあれば。

読者個人の努力によって内容的に関連する本を蒐書していけば、そのうち自分だけの蔵書（コレクションあるいはライブラリー）をつくることができるだろう。そのとき初めて他人の蔵書に関心をもつきっかけができるのではないだろうか。大屋幸世『蒐書日誌（全4巻）』（大屋 2001a,b, 2002, 2003［書影4］）は蒐書という営みの〝業〟の深さを私に刻みつけた印象的な本だった。本書は著者が関心をもつ本や雑誌をただひたすら蒐め続けた日々の記録である。文字通り取り憑かれたようなコレクターとしての慾望の深みに慄然とするとともに、かくありたいとどこかで願っている自分を見出してしまう。

［書影4］
大屋幸世
『蒐書日誌』（全4巻）
（大屋2001a,b, 2002, 2003）

日本文学研究者だった著者が古書蒐集の日々を綴った大部の4巻本。『蒐書日誌　一』（大屋2001a［1985〜1995年分］）・『蒐書日誌　二』（大屋2001b［1995〜1998年分］）・『蒐書日誌　三』（大屋2002［2000〜2001年分］）・『蒐書日誌　四』（大屋2003［2002年分］）を総計すると実に1,600ページを超え、二段組でびっしり組まれた本文にはただただ圧倒されるしかない。著者は、神田や早稲田さらには中央線沿線を中心に、都内一円の古書店・古書展をめぐってはひたすら蒐書に励む。ときにはハズレをつかまされては落ち込み、ときには掘り出し物にめぐりあっては喜びをかみしめつつ、おそるべき量の本を買い求めている。その蒐書への執念は読者にとても強い印象を残す。最終の『蒐書日誌　四』が出たのち、続巻が出る気配がぜんぜんなかった。数年後に、秋葉原で開催されたある図書イベント会場で、近いうちにさらに分厚い『蒐書日誌　五』が出るとの情報を得たにもかかわらず、けっきょく出版には至らず、著者は2016年に逝去されてしまった。私がツイッターを始めたのは2009年7月からだったが、本に関する情報をつぶやくときには必ず「［蒐書日誌］」という枕詞をツイートの最初に付けるようにしたのは、ほかならない本書に敬意を表してのことだった。

もとより私は日本文学にはからきし疎いので、森鷗外をはじめ近代日本文学の研究者であるこの著者の専門分野について何かしらものを言うことはとうていできない。それどころか、著者が血眼になって探し回り、喜んだり悲しんだりしているその文献資料のいったい何がおもしろいのかはまったくわからない。

では、内容をわかりもしないで、なぜ総計1600ページもの大著を読破したのかと言われれば、それは蒐書に注ぎ込む著者の執念に後押しされたからというしかないだろう。すでに絶版になっている文庫本や初版本そして限定本や特装本など、さらには初出の雑誌にまで探書の範囲を広げて蒐めまくる著者の姿勢には共感をついつい覚えてしまう。

冒頭の凡例に「五〇年後、一〇〇年後に、一読書人の記録として、本になればと期していたので、年単位で読んでもらおうとして、すべて某月某日にした」（大屋 2001a, p.2）とあるように、本書は年のみわかる日記のスタイルで書かれている。随所に文学者コミュニティーの内情への言及（批判と賛同）が埋め込まれているので、この分野に関心があってかつ事前情報をもち合わせている読者にとっては参考になるにちがいない。

しかし、前に白状したように、門外漢の私はその意味では本書の適切な読者ではないにちがいない。しかし、それと同時に、門外漢であるからこそ、この文字密度の高い日誌を異なる側面から見ることができる。それは著者はなぜこれほど長年にわたって詳細な日記を書き続けたのかという点だ。著者はこう述べている。

ではお前が生きていけるのはなぜなのかと問われれば、職業人としての大学の教員をしているからだと答えるほかない。〈才能〉に関して言えば、つげ義春の漫画の題通り〈無能の人〉に属するだろう。私が延々と「蒐書日誌」なるものを書き続けているのは、何か書いていないと生きている気がしないからに過ぎない。（大屋 2002, p.172）

人生を生きた〝証〟としての日記――『蒐書日誌』のこのくだりを読んで、私はかの大喜劇役者・古川ロッパの長大な日記『古川ロッパ昭和日記（全４巻）』（古川 1987a,b,1988, 1989）を思い出す。第二次世界大戦の戦前から戦中にかけては〝稀代の喜劇王〟として君臨したロッパだったが、戦後は見る影もなく人気が凋落し失意の晩年を送った（山本 2014）。そのロッパは絶頂期の１９３４年から病没した１９６１年までの四半世紀に及ぶ膨大な日記を書き続けた。

亡くなる前の１９６０年にロッパはこう書いている。

――日記ほどたのしきものがあるか。俺は、これを書くために生きてゐる。（１９６０年

2月3日：古川 1989, p.815)

俺の生涯の日記、生きてるうちに、読み返すことさへないかも知れない。死後は、つひに反古となるばかりだらう。だのに、何故書くのだ。書かずにはゐられない、業なのだ。（1960年9月4日：古川 1989, p.878)

たがいにまったく縁のないはずの『蒐書日誌』と『ロッパ日記』の書き手が実は同じ心情で日記に向かっていたことがよくわかる一節だ。

日記というものはきわめてパーソナルな備忘録であり、他人が読むことを前提にしているわけではない。私自身もかれこれ十数年前からウェブサイト上に日々の備忘メモとしての「日録（dagboek）」（三中 2003-現在）と蒐書日誌としての「本録（leeswijzer）」（三中 2005-現在）を公開している。しかし、ネットで公開しているからといって、どこかの誰かに読まれることを念頭に書き続けているわけではない。まったく逆に、あくまでも私自身があとで検索できるようにウェブ公開しているにすぎない。日記は身体化された極私的なメディアである。

ということは、日記の読み方にもおのずとそれなりのスタイルがあるだろう。ロッパも告白しているように、日記の書き手は自分でさえ全部を読み返せるわけではないと自覚している。ましてや、他人である読者が隅から隅までその日記を読む必要はないのではないだろうか。私自身は『蒐書日誌』や『ロッパ日記』は最初から通読するのではなく、適当な場所から拾い読みして、おもしろそうな項目には付箋を貼り込むという読み方をしている。

他人の日記はときどきひもとくたびにサンプリングの密度が増え、それとともに新たな知見も得られるだろう。ノードやネットワークの構築を急ぐ必要はどこにもない。著者のすべてをアブダクションしたいとは私は思わない。自分が書き続けているウェブ日記をいくら精読したところで（そんな奇特な読者はきっといないだろうが）、私自身の全体像を復元することはできないのと同じである。読み尽くさなくてもよい。

2・5　【熟読】深読みにハマらない

当たり前のことだが、未読本には読者がまだ知らないことが書かれている。未知の内容

［書影5］

ウンベルト・エーコ［河島英昭訳］
『薔薇の名前』
（エーコ1990）

『薔薇の名前』は私が最初の著作『生物系統学』（三中1997）を書くときにさんざんお世話になった恩義のある作品だ。本書は、北イタリアのある修道院を舞台として、中世神学と中世形而上学を背景として展開される長編推理小説だ。上下巻で計800ページ超という分量は処女作にしては破格の大作だろう。私はもともと小説を好むタイプの読者ではないのだが、本書は例外中の例外だ。主演を務める修道士バスカヴィルのウィリアムならびに彼の弟子である見習修道士メルクのアドソは、『生物系統学』の文中にたびたび登場し、重要な役回りを演じてくれた。なお、エーコは、この『薔薇の名前』だけでなく、別の著作『カントとカモノハシ（上・下）』（エーコ2003）では生物の分類に関わる推論と存在論についてくわしく論じている。現在もなお闘わされている「種（species）とは何か？」（網谷2020）という問題に代表されるように、生物分類学はきわめて正しい意味で“存在の学”であるから、形而上学とは切っても切れない関係にある。

が詰まっているからこそ、読み手はその文字空間を懸命にサンプリング（読む）して、断片的な手がかり（ノード）を集め、全体像（ネットワーク）への推論を試みる。

読者にとって〝ホームグラウンド〟の分野ならばその作業は容易かもしれない。その本が描こうとしてる風景の全体はいつかどこかで見たことのある景色を髣髴《ほうふつ》とさせるだろう。その一方で、読者にとって〝アウェイ〟な内容の本ほど道のりはがぜん険しくなる。行ったことも見たこともない土地をひとりで歩ききるには危険と冒険がつきものだからだ。足元を見ながら注意深く進んだとしても予期しない落とし穴や迷い道に入り込めば一巻の終わり。狩りをするのは命懸けだ。

この私でさえ、自分の専門分野の本を書くときには、プロットにちょいと〝伏線〟を張ってみたり、行間に意味ありげな含みをもたせたり、あれやこれやろくでもない言葉遊びをしてしまうことがある（お行儀の悪い書き手なので）。ましてや、記号論・中世史・中世哲学の碩学でもある世界的作家ウンベルト・エーコともなれば、その一語一文のどこにどんな深遠な含蓄がこめられているか気を抜くひまなどあるはずないではないか。

一読しただけではわからない本はいくらでもある。機会と意欲さえあれば再読することでその本の理解は深まるかもしれない（深まらないかもしれない）。読者のバックグラウンドしだいで、同じ本でもまったく異なる読み方や解釈は自由にできると言われれば無下には否定できない。しかし、エーコによればいかなる読み方でも際限なく許容されるわけではない。実際、彼は誤読・曲読に類する〝過剰解釈〟——元の本からかけ離れた〝深読み〟——に対しては強く批判したことがある。

エーコは「テクストの過剰解釈」（エーコ1993）という章の中で、作者・作品（テクスト）・読者の関係についてこう述べている。

テクストとは、そのモデル読者を生み出すために考案された装置です。もう一度言いますが、この読者とは「唯一正しい」推測をする者のことではありません。テクストは無限の推測を試みる権利をもつモデル読者を想定できます。経験的読者は、テクストがどのようなモデル読者を仮定しているのかを推測する役を演じているに過ぎません。テクストの意図とは、基本的にはテクストについての推測を行うことができるモデル読者を生み出すことですから、モデル読者の主導権は、経験的作者とは別にモデル作者を想像することにあり、そのモデル作者が結局はテクストの意図と一致します。したがって、テクストは解釈の正しさを証明するための一要因だけではなく、解釈が自らの生み出す結果を根拠に、自らの妥当性を確認していくという循環的な過程で、構築されていくものなのです。躊躇せずに認めましょう。これは、今なお有効な、

——旧来の「解釈学的循環」を定義していることになるのです。（エーコ 1993, pp.94-95）

現実世界にいる〝経験的作者〟が書いた作品（テクスト）を同じ現実世界にいる〝経験的読者〟が読んで解釈する。テクストをはさんで成立する作者と読者の間のこの関係をエーコは、より高次の〝モデル世界〟——統計学的に言えば〝母集団〟と解釈できるだろう——に拡張する。そして、作品（テクスト）があらゆる可能な〝モデル読者〟（と解釈）をつくりだし、その〝モデル読者〟が今度は自らの解釈に準拠して〝モデル作者〟を創造するという図式をエーコは提示する。

このように、エーコのいう「テクストの意図」を野放しにすると、ありとあらゆるテクストの解釈を許容してしまうことになるだろう。この点に関して、彼は解釈の良し悪しを判断する基準はあると言う。

我々は、一種のポッパー流の原則を受け入れることができるのです。それによれば、たとえどの解釈が「最善」なのかを確かめる規則が一つもないとしても、どの解釈が「悪い」のかを確かめる規則は少なくとも一つ存在することになります。我々は、ケプラーの仮説が文句無しに最善であるとは言えないまでも、プトレマイオスの太陽系

の説明が間違っているとは言うことができるわけです。というのも、周転円や大円という概念が、ある種の経済性ないしは単純性の原則に違反するとともに、別の諸仮説――それらは、プトレマイオスが説明しなかった現象を信憑性をもって説明できることが判明している――と並立できないからです。（エーコ 1993, p.76）

エーコは科学哲学者カール・ポパーの「反証主義」をここで持ちだして、テクスト解釈の妥当性を単純性すなわち「最節約原理」（ソーバー 2021）に照らして合理的に評価しようとする。つまり、複雑な筋書きではなく、単純な筋書きの解釈をより重視するという立場だ。一方、私からいえば、ここはやはり対立するテクスト解釈――私のことばで言えばテクストを読んで拾い集めた部分ノードから構築された全体ネットワーク――の相互比較は、ただ単純でありさえすればいいというわけではなく、むしろその筋書きによる説明の妥当性すなわちアブダクションのよしあしによって相対評価するのが望ましいのではないか。

盛大に蘊蓄《うんちく》を傾けて書かれた著作の多くは読者を選ぶ傾向がある。しかし、たとえ選ばれなかったとしてもすごすご退散することはない。二度あるいは三度と登攀をトライしてみる価値はきっとある。その際、ターゲットとなる本に関係しそうな本をひもといて事前トレーニングしておくのはとても効果的だろう。そのような関連本はどのようにして見つければいいのだろうか。『薔薇の名前』についていえば、中世スコラ学の形而上学論争――その筆頭は実在論と唯名論が数世紀にわたって論争を繰り広げた「普遍論争」（山内1992）――、あるいは不十分な証拠からの推論の蓋然性をめぐる論議（たとえばフランクリン2018）などは〝予習〟すべき本としておすすめしたい。

たくましい〝狩猟者〟となるにはたゆみない努力が求められる。がんばろう。

コラム2 〈怪書三昧〉本が呼びに来る

潜在的読者は、ほとんどの場合、〝選ぶ側〟であり、手に取る本は〝選ばれる側〟であるだろう。だからこそ、選ぶ主体である私たちの選書眼のよしあしが問われることになる。しかし、逆に、本の方が〝選ぶ側〟で、読者が〝選ばれる側〟になることもたまにある。読者をきびしく選別する本が世の中に確かにあることは、専門的な内容の学術書を思い浮かべればすぐわかるだろう。

選ばれる側が人であれ本であれ、一対一のピンポイントで〝ペア〟が成立すれば言うことなしだが、現実にはなかなかそううまくはいかない。人が選んだ本がいまひとつだったり、本が選んだ人がいささか難ありだったりするとペアは成立し得ない。何ともややこしいことだ。

新刊書店に入ってすぐのもっとも目立つコーナーには、書店おすすめの注目新刊本が〝面陳〟――書棚に立てかけて表紙が見えるように陳列――されていたり、手前の平台に〝平置き〟されていることがある。これらの特別扱いの本たちは黙っていても来店客の目につくので、いわば大声でキャッチセールスされているようなものだ。しかし、私の場合、東京で言えば神保町の東京堂書店とか千駄木の往来堂書店のように例外的に上質の〝ザ・ウォール（新刊棚）〟をつくっているまれなケースを除いては、書店の新刊棚に近寄ることはほとんどない。

私には書棚に並ぶ本から〝お呼びがかかる〟ことがときどきある。蝶よ花よと大事にされる特別扱い本のような〝面陳〟や〝平置き〟に縁がないその他の大多数の本たちは、いったん書棚に差し込まれてしまえば、どう頑張ってもわずかな〝背〟しか見えないのだが、その〝背〟が通りかかる私の耳元にこうささやきかけるのだ――「ほら、手に取って読みなさいよ」「えっ、そのまま通り過ぎる気？」「レジに連れて行ってよ」。

「そんな馬鹿なことが」と思われるかもしれない。しかし、私はこれまで何度もそういう経験をしているので、本が発するかすかな〝呼び声〟にはすなおに耳を傾けるよう心がけている。探すべき本があらかじめ決まっている〝システマティック探書〟だとそういうささやきを振り切るだけの理性の力がまだ残っている。その一方で、とくに目的があるわけではない〝ランダム探書〟をしているときほど、本が発する〝ささやき声〟につい籠絡されてしまって身を誤る（＝財布が軽くなる）リスクが高くなる。アナタはセイレーンですか。

本が人を〝呼ぶ〟のは、新刊書店よりも、古書店の方が多いかもしれない。年季の入った古書店の棚に安置されている古書たちは、文字通りの〝付喪神《つくもがみ》〟に変化《へんげ》し、手ぐすねを引いて自らがたどる運命を知らない哀れな読者をじっと待ち続ける。運悪く（運よく？）そこを通りかかろうものなら、もうおしまいだ。それはもはや〝ささやく〟というよりは〝取り憑く〟と表現した方がふさわしいだろう。

神田小川町にある崇文荘書店は私が好んでよく立ち寄る洋書専門の古書店だ。あるときこの店の科学史棚を眺めていたら深緑色の大きな本がいつになく強い秋波を私に送ってきた。これはとてもアブナイ予兆だ。著者ジェイムズ・フォーロング（James G.R.Forlong）も書名『Rivers of Life（生命の川）』も初めて見る古書で、その内容は世界の宗教史を論じた2巻本計１２００ページ超の分厚い大著だった（Forlong 1883［写真１］）。

いくら探書アンテナを幅広く張っていると自認する私でさえ、当時は比較宗教学にまで手を伸ばしてはいなかった。これはさすがにご縁がない本かなと元の棚に戻そうとしたら、付録として函入りの図表が添付されていることに気づいた。いったい何だろうかと中を開いてみたら、それは圧巻の「世界宗教系統樹」だった。あとで測ったらそのサイズは幅70cm×高さ２・３ｍもあった。このチャートは、人間の宗教思想の根源を太陽崇拝・火炎崇拝・樹木崇拝・祖先崇拝・性器崇拝というの5つのルーツにまでさかのぼり、現代の宗教に至るまでの道筋をネットワークとして描いたとびきり印象的な系統図だった（三中・杉山2012, pp.169-171）。

「あ、これはもっていかれるぞ」と思ったときにはもうすでに私は取り憑かれていた。まるで操られるかのように手持ちの内金を払い、翌日にまた神田まで出向いて残金を支払い、この大著をようやく〝身請け〟したのだった。一介の勤め人である私にとって自由になるお金といってもたかだかしれている。価格のゼロの数がもう一つ多ければ後ろ髪を引かれようともそのまま店をあとにするしかなかっただろう。微妙に買えそうな価格帯だったので、えいやっと清水の舞台から跳んでしまったのだった。これはという本に出会ったら、路頭に迷わない程度に財布の紐は緩めておこう。次に出会う機会はきっともうないから。

もちろん、それだけの代価を支払った価値のある本だったので、その後に私が出した本や講演では何度も登場していただくことになった。この原本は、私が調べたかぎりでは、現在でも国内の公的機関では奈良女子大学にしか所蔵されていないきわめつけの稀覯本である。事前予約者にのみ頒布された限定的な出版物だったからだろう。
あのとき、崇文荘書店で呼び止められなかったら、二度と本書と出会う機会はなかったにちがいない。本との一期一会は人生を変えることもある。いったん本に呼ばれたら人間は無駄な抵抗をしてはいけない。われわれ読者は偉そうな顔をしていてもしょせんは本の下僕《しもべ》であることを自覚しよう。

［写真1］
ジェイムズ・フォーロング
『生命の川』
（2021年5月17日
つくば市にて著者撮影）

私が出会ったこの大著は最初のうちは寡黙だったが、手にした途端いきなり憑依してきた。まことにおそるべき本である。分厚い本文2冊に加えて、巨大な宗教ネットワークが付録として付けられている。ウィキメディア・コモンズで公開されているのは電子画像にすぎない（https://en.wikipedia.org/wiki/File:Forlong-Rivers-of-Life-big-chart.pdf）。実物は、丈夫な布の上に巨大な図版を分割印刷した紙がていねいに貼られている手の込んだチャートだ。これを見てただですむわけがない。

第3章

読書術（応用篇）

——冒険と危険は紙一重

私はこれまで読書とは〝狩猟〟であると言い続けてきた。私にとって、読書はもっぱら仕事のためにある。本という文字空間の中でいかにして首尾よく〝狩猟〟をやり遂げるかは私にとって日々の活動の中できわめて大きな課題だ。読書はきわめて私的な営みなので、自分が行ってきた読書のスタイルがそのまま他の読者に当てはまるとは思わない。しかも私は根っからの利己的な人間なので、他人の読書のことなど何も考えてはいない。それでも、私がこれまで実践してきた読書の技法（第1章参照）は、うまくいけば他人にも使ってもらえるかもしれない。それならそれで喜ばしいことではある。

第2章では、実例を挙げながら読者が手練れの〝狩猟者〟となるための大技小技の使用法についてみなさんに説明してきた。そこで取り上げた本たちを振り返ると、そのいずれもが掛け値なしの〝大作〟であることがわかるだろう。内容的にやや硬派の分厚い本を例として選んだのは意図的だ。薄くて〝流動食〟のように読みやすい本だと、読者の〝狩り〟の技術を鍛える機会はどこにもないだろう。丸腰のままでもとりあえず最後まで読み通せてしまうからだ。それでは物足りないだろうということで、前章ではそれとは対極的な〝大作〟をあえて俎上《そじょう》に上げてみた。

専門的な学術書であれ日記・小説であれ、〝大作〟にはそれを支えるだけの太い〝幹〟が全編を通っていて、その〝幹〟から四方に広がる〝枝葉〟が作品全体の文字空間をつくりあげている。もちろん、場所によっては大小さまざまな起伏があったり危険な崖や穴が待ち受けていたりすることもあるだろう。しかし、〝大作〟を特徴づけるのは何よりもその文字空間の広さだ。一般に想像される以上に、本を読むことは力仕事であり、疲労も溜まる。広いエリアを踏破するだけの気力と体力が求められることはもちろんだが、長丁場の〝狩り〟のペース配分や道中の備忘メモの取り方にも気をつけないといけない。

その一方で、分量としてはけっして〝大作〟ではないにもかかわらず読み進むのに苦労する別タイプの本がある。文意の解釈が一筋縄ではいかない、論理の流れが追いきれない、内容がもともと難解である、得意ではない言語で書かれている、とても読了できる文体ではないなど、その理由はいろいろあるだろう。それでも、仕事として読まねばならないとき、難しいからといって知らぬふりをしてまたいで通り過ぎるわけにはいかない。本章では、前章とはちがうタイプの本を例に挙げながら、その読み方と攻略法について考えてみよう。

3・i【難読】先入観で分類しない

世の中には読んでも〝よくわからない本〟がたくさんある。これはけなしているわけではけっしてない。読み手である私がよく知らないあるいはぜんぜん知らないことは（当然のことながら）世界には山ほどある。だから、私にとって書かれていることがよくわからない本が書店や図書館の棚にずらりと並んでいたとしてもぜんぜん不思議なことではない。

では、そういう〝よくわからない本〟はあえて読む価値があるのだろうかと問われたら、私は迷わず「とりあえず手に取ってみてはどうでしょう」とおすすめする。ある意味、私はとても無責任なことを口にしている。〝よくわからない本〟はまずまちがいなくその読者にとっては〝アウェイ〟な分野だろう。しかも、そもそも〝よくわからない本〟を手にするのは単なる偶然かもしれない。だから、いくら読み進んだところで、自分の興味や関心とまったく交わる気配がないことだってきっとあるにちがいない。じゃあやっぱり最初からそんな本は手にしない方が安全策だったのだろうか。

もし読書に何らかの「効率」――費用対効果の尺度――を持ちこみたければ、〝よくわからない本〟は敬遠した方が身のためだろう。事前にしっかり検索し、ハズレの危険を回避して、自分の目的に合致した本をとことん探した方が身のためだからだ。しかし、多少の冒険をしてみてもいいと言うのであれば、〝よくわからない本〟は宝の山かもしれない。

詩人フェルナンド・ペソアの大著『不安の書』（ペソア2007［書影1］）は文学作品としては世界的に有名だそうだ。ペソアによるリスボンのガイドブック『ペソアと歩くリスボン』（ペソア1999）を以前読んだことがあったので、この著者には少しはなじみがあったというのが『不安の書』を手にしたささやかな理由だった。利己的な読者である私にとって

［書影1］
ペソア
『不安の書』
（ペソア2007、高橋都彦訳）

「リスボン市に住む帳簿係補佐ベルナルド・ソアレスの」と書名にわざわざ書き添えられた架空の著者は実在と虚構のはざまを行き来するかのようだ。しかし、現実のペソアはポルトガルのリスボンに暮らし、堅実な会社勤めの傍ら、創作に励む詩人としてその短い生涯を送った。本書は650ページもある大著であり、しかも断章のような内省的エッセイが切れ目なく連続する。もともと世界文学に疎い私にはとにかく難物で、これだったら数学書を読んだ方が楽かもしれないと思ったほどだ。さらに増補された同じ訳者による翻訳が最近出版された（ペソア2019）。

は世間的な評判はたいした意味をもたない。自己を徹底的につきつめようとするこの大著が私に何を伝えてくれるかの方が気になる。

それにしても——この種のエッセイ集的な作品はどう読んでいけばいいのか途方に暮れてしまう。自省的であると同時に自伝的でもある長短さまざまな断章が日記のように並べられているので、私の言い方でいえば〝狩猟〟の段取りができない。つまり、読書の〝往路〟で集めた手がかりをノードとしてまとめ、〝復路〟でネットワーク化するという基本的な手順が日記には使えないということだ。

だからといって、漫然と読んでいると、ときどき「これは！」と目が覚める記述があったりする。ペソアは自己と世界の〝切り分け〟を考える際に、ものごとがどのように分類されてきたのかに注目する。たとえば、こんな断章がある。

物事を分類し、分類することだけが科学だと心得ている科学的な人は一般に、分類できることが無限にあり、したがって分類しきれないということを知らない。しかしわたしの驚くのは、知識の間隙にある心と意識に関する、未知の分類可能なことがあるのを彼らが知らないことだ。（ペソア 2007, p.209）

分類がいつでも一意的に確定できると考えるのは先入観に過ぎないというペソアの主張がどのような深層動機によるものなのか私にはさだかではない。しかし、分類体系に関する議論は私の本来の関心領域（三中2009）にピンポイントで刺さってくる。それまでは、手がかりのない頼りなさをかこつしかなかったが、いったん自分の興味との接点が見つかればこっちのものだ。

物事を分類するのに〝不安〟はつきものだ。国立民族学博物館で開催されたある展示の図録『驚異と怪異：想像界の生きものたち』（国立民族学博物館2019）には、ヒンドゥー教最高神のひとりであるヴィシュヌと魔王ヒラニヤカシプの闘いについて言及されている。

無敵の体となったことを確信したヒラニヤカシプは抗う人びとや神々を打ち倒し、遂に傲慢にも彼の世すべてを支配しようとする。まさにそのとき、ヴィシュヌ神はナラシンハ、つまり人でも神でも獣でもあるものとして姿をあらわし、昼と夜の境目である黄昏《たそがれ》どきに、建物のなかと外の境目となるヒラニヤカシプの宮殿の入口で、空中でも地面でもない自らの膝の上で、武器を使わず素手で切り裂いてヒラニヤカシプを殺してしまう。〈略〉ヒラニヤカシプは世界のすべての事物や時空間を分類し、そのどれにも負けない存在になることによって世界を支配しようとした。しかし、どん

な分類や区別にも、それになじむことのない境目や曖昧なものがつきまとう。ヴィシュヌ神はその境界に宿り、慢心する魔王をあざ笑うかのように彼を討伐したのである。
（国立民族学博物館 2019, p.127）

光と影の境目である〝罔両〟はオニが憑いて妖怪化すれば〝魍魎〟となる。日本にかぎらずインドでも〝罔両〟に潜むヴィシュヌ神が〝魍魎〟だったことは意外や意外の感があるが、深く納得できる。万物を分けることができるとみなす分類学にとって〝分類不能〟な存在はいつでも災厄のもとだからだ。

ペソアが感じた〝不安な分類〟は私がこれまで考えてきた「分類思考」（三中 2009）の問題と意外にも直結していた。このように、一見どこにも接点がないように見える本であっても、どこかしらに自分の関心とつながるものがあるはずだ。それを見つけるのは時間がかかるかもしれないし、結果的に見つからないこともあるだろう。あ、そこで「それでは効率が……」などと口にするのは禁物だよ。

ある本が読者の先入観通りに〝分類〟されるとはかぎらない。単なる思い込みで「自分には関係のない本」だと放り投げてしまうのは、せっかくの機会をむざむざ見過ごすことになりかねない。読者にとって関係のある／ないという二択で本が分類できればこんなに楽なことはない。しかし、自分に関係があるかないかがわからない〝境目〟——すなわち〝罔両〟——にこそ意外なおもしろい本が潜んでいるかもしれないからだ。ダメもとで読んでみて思いも寄らない大当たりだとしたらそれは丸儲けだろう。

私はこれまで何度もそういう〝博打〟のような経験を積んできた。確かに、ランダムな探書には一か八かの賭けみたいなところがある。しかし、実際に賭け金を積む博打とは違って、探書の賭けは負けたとしてもけっして大損にはならないだろう（よほど高価な本でない限り）。

なぜそんな危ない橋を渡ろうとするのか、もっと〝安全安心〟な本読みをしていればいいではないかという問いかけはきっとあるだろう。しかし、私に言わせれば、もう一歩だけ外側に踏み出して未知の分野の本をひもとけば、もっとおもしろいことが見つかるかもしれないのに、安全安心な読書にこだわってほんのささやかな知的冒険をためらうのは「もったいない」ではないか。

私の本職は理系の研究者なので、専門分野の原著論文を読む機会は多い。専門誌に掲載される論文は最新の研究成果を公表する場なので、ぎりぎりいっぱいまで切り詰めたスタイルで書かれている。しかし、限界まで削ぎ落とされたこれらの論文であっても、冒頭の序論では当該分野の研究史に関する背景説明がなされている。多くの場合、それらは読み飛ばされてしまうことが多いが、私にとってはその序論こそ読む価値のある部分だ。その分野の〝昔〟を知るための本や文献に出会えるからである。

理系の研究では最新の知見のみに光が当てられ、時間を遡って研究の歴史を解きほぐす仕事はよほどの物好きか、あるいは専門の科学史研究者しか関心をもたない。研究史を探ってみると、箸にも棒にもかからない荒唐無稽な学説も少なからずある。他方、とてもおもしろい仮説や価値のありそうな理論がすっかり忘れられて隅にうずくまっていたりする。

私が最新の論文からその科学史をたどるという読み方をするとき、あてや見込みがあるわけでは必ずしもない。それは現在とは何の関わりももたない行き止まりに終わるかもしれないし、逆に、最先端の研究分野にもつながりができる一点突破の可能性もあるだろう。すぐには役に立たないかもしれない本を読み進むのは知識の〝壁〟をつくりたくないからだ。「ここまでは知っている」が「ここから先は知らない」という仕分けは、容易に読者にとって「ここまでは関係がある」が「ここから先は関係ない」という知識の分類に直結してしまう。

ウンベルト・エーコの記号論書『カントとカモノハシ』（エーコ 2003）の主役はオーストラリアの川に生息するカモノハシという奇妙な動物だ。エーコはこう書いている。

カモノハシは、あらゆる分類の試み――科学的であれ通俗的であれ――に挑戦するために生まれてきたような不思議な動物だ。（エーコ 2003, 上巻, p.88）

くちばしがあって前足には水かきがあり卵で生まれるのに幼獣は母乳で育つという尋常ではない生き物であったとしても、カモノハシは確かに地球上に実在する。にもかかわらず、そのカモノハシを分類することは長らく困難だった。分類に用いられる特徴の選び方によって、カモノハシは「鳥」だったり「哺乳類」だったり分け方がころころ変わってしまうからだ。

私たちが日ごろ目にする本のなかにも、いったいどんなジャンルの本なのかがすぐにはわからない〝分類不能〟の本があるだろう。もちろん読者個人が〝分類不能〟と思い込んでいるだけで、その本の著者・訳者・編集者が想定する読者層はもっと具体的に思い描かれているにちがいない。しかし、その想定読者層に含まれない読み手にとっては、その本は〝分類不能〟と言うしかない。

私にとって〝カモノハシ〟のごとく正体不明だった一冊の本は、ジョルジュ・ペレックの『考える／分類する〈日常生活の社会学〉』（ペレック 2000 ［**書影2**］）という150ページにも満たない薄い本だった。
〈日常生活の社会学〉という訳書サブタイトルは、本書の〝分類不能性〟をより強く印象づけこそすれ、それを和らげているとはとても思えない。読者にとって〝分類不能〟な本はタイトルからして敷居が高く感じられてしまうものだ。しかし、その分類はけっして固定されているわけではない。ペレックは、「《考える／分類する》」という同名のエッセイで、「考えること」と「分類すること」との関係をこう述べている。

［書影2］
ペレック『考える／分類する』
（ペレック2000、阪上脩訳）

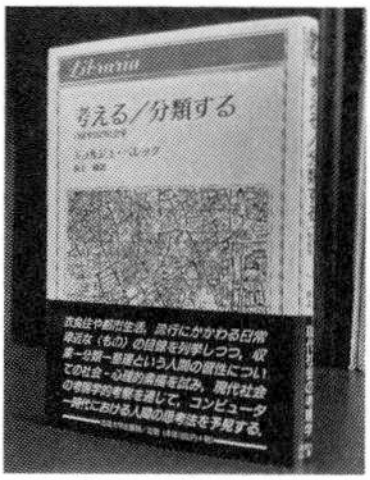

「薄っぺらい本だとすぐ読めるから楽だ」という浅薄な思い込みは打破されるためにある。ページ数の少ない本に限って、言葉が極限まで削ぎ落とされていて、その読解には予想以上に手間取ることがあるからだ。作家ジョルジュ・ペレックの遺作となった本書は、日常生活のなかで「考えること」と「分類すること」がいかに渾然一体としてひとまとまりの機能を果たしているかを論じたエッセイ集だ。本書に所収されている13のエッセイは、日常生活の衣食住の論議を中心に都市論から料理論にいたるまで題材が一見ばらばらだ。しかし、全体を貫く共通テーマが「日常生活の中での分類」であることに気づいたとき、私にとっての本書はけっして“分類不能”ではなくなった。

——私は分類する前に考えるのか、考える前に分類するのか。考えることをどうやって分類するか。分類しようとするとき、どう考えるのか。（ペレック 2000, p.119）

彼の考えでは、「考える／分類する」とは不可分にして単一の動詞であり、思考するために分類し、それと同時に分類を通じて思考しているとみなす。したがって、分類とはあくまでも暫定的な〝仮の分類〟であり、それが永続的になるかどうかとは別問題だ。

一つの規則によって、全世界を分類するというのは、じつに人をひきつけることであり、一つの全般的法則が現象全体を規定することになる。北半球と南半球、五大陸、男性と女性、動物と植物、単数と複数、右と左、四季、五感、六母音、七日、十二ヵ月、二十六文字。

残念ながら、そんな分類は、うまくいかない。かつてうまくいったためしがないし、今後もうまくいかないだろう。そうはいっても、なおこれからも人びとは、これこれの動物が奇数の指の数や中空の角をもっているということで、分類するということを長くつづけるだろう。（ペレック 2000, p.120）

〝分類者〟である私たちは日常生活の中で意識的にあるいは無意識的にひっきりなしに分類整理をしている。本もまた分類の対象である。ペレックは本に関するエッセイ「本を整理する技術と方法についての短い覚え書き」（ペレック2000, pp.19-26）のなかで、永続的分類と暫定的分類の混ざり具合が「どの書斎にも独特の個性をあたえている」（ペレック2000, p.25）と記している。

私たちが手にする本は読者ごとに独自の分類整理をされているだろう。しかし、その分類は読み手の成長とともに可変的に移行していく。本の分類が変わることは、私たちのアブダクションが進展したことの証といえるだろう。

3・2【精読】読書ノートをつくりこむ

本の読みやすさや読みにくさは読者個人それぞれの感じ方があるだろう。読みやすい本には、読者を念頭に置いた内容のしぼりこみと配置、さらに読者の関心を惹きつける語り口や導き方に「読みやすさ」を実現するための共通の方策があるようだ。しかし、読みにくい本については、その「読みにくさ」の原因がどこにあるのかはそれほど単純ではないかもしれない。ただ単に書き手の文体（スタイル）に癖があって読みにくいだけかもしれない。あるいは、読み手の側が十分な事前の予備知識をもっていないために、書き手についていけないことが読みにくい理由かもしれない。

「わざわざ読みにくい本を無理して読まなくてもいいじゃないか」と考える人は少なくないだろう。そういう〝やっかいな本〟はもともと自分には関係がないのだから無視すればいいだろうという弁解だ。しかし、読みにくい本がほんとうに自分に関係ないかどうかは読んでみなければわからないではないか。読まなくてもそれがわかると言うのなら、アナタは私には想像もできない〝超能力〟の持ち主だろうから、この本もまたこれ以上読まなくてもいいだろう。とても賢いアナタの人生にはきっと何の関係もないからね。

前節では読者があまりよく知らない分野の本をどのように読み進むかが主題だった。畑違いの本をあえて読むときの難しさの大きな要素は、その本を読むことで読者である自分がどこに連れて行かれるのかがわからないという漠然とした不安だろう。ある本を最後まで読み終えてはみたものの、茫漠たる荒野の中に放り出されて立ち尽くすようではたまらない。その本を読んだのは時間の無駄だったか——しかし、私はそれとはちがうより楽観主義の立場に立つ。

文字空間の狩人はどんな状況でもつねに〝獲物〟を追い求める。わかりやすく読みやすい本であれば、読み手の狩りはとても楽だろう。書き手がみずから獲物を差し出してくれるのだから。しかし、「すぐわかる」とか「読みやすい」という口当たりのいい誘惑の手招きに読み手が慣れてしまうと狩人としての腕はなまってしまう。さらさらと流れていく〝流動食〟本は読み手の記憶にあとを残さない。「すぐ読める」とは「すぐ忘れる」の同義語だ。

読むのに苦労する本は、当たり前のことだが、読み手に努力を要求する。前節で説明したような読者にとって〝畑違い〟の本であれば、読者はひとりひとり自分のもっている事前知識をよりどころにして、いまひもといているその本がいったいどんなふうに関連づけできるかの探索を迫られるだろう。そこで例に挙げた『不安の書』や『考える／分類する』は幸いにして「分類する」というキーワードが私の過去の読書歴と事前知識にヒットしたので、それをわずかな手がかりと足がかりにして自分のホームグラウンドに引きずり込むことができた。

しかし、たとえ自分にとって〝ホームグラウンド〟な分野の本であっても、読み通すのにたいへんな苦労をする本もときにはある。ここで取り上げるNelson and Platnick

『Systematics and Biogeography: Cladistics and Vicariance（生物体系学と生物地理学：分岐学と分断現象）』（Nelson and Platnick 1981［書影３］）は私にとっては専門分野への導きとなった記念碑的な本であると同時に、一冊の本を精読することの本質を教えてくれた本でもある。

研究者の端くれ（というか卵）として、第一外国語として学んできた英語の本を読むのは当然やるべき修行のひとつだった。だから、本書のように計６００ページもある英語の専門書であったとしても尻込みするわけにはいかない。もちろん、母語である日本語とはちがい、英語を滑らかに読み進むことは今でもできないが、ひとつひとつの単語の意味にとらわれないで一定速度で〝見る〟ように読み進み、気になる箇所があればそこで立ち止まるのが私の基本スタイルだ。

日本語で書かれていないというだけですでに読書ハードルは高いのだが、この『生物体系学と生物地理学』の真の〝障壁〟はそれとはちがうところにあった。本書は生物多様性の時間的・空間的なパターンを分析する新しい理論――「パターン分岐学（pattern cladistics）」――に関する教科書との触れ込みだった。本が日本に届くまで時間があったので、１９８１年の出版後にScience誌やNature誌をはじめとする著名雑誌に掲載されていた書評を読んでみると、やはりこの分野ではとても重要な著作と位置づけられること

[書影3]
Nelson and Platnick
『Systematics and Biogeography』
(Nelson and Platnick 1981)

私が東大農学部の大学院に入学した1980年は、生物体系学の原理と方法をめぐって大論争を戦わせていた時期に合致していた。まだ勉強し始めたばかりの大学院生ではあったが、当時の日本では関連文献がなかなか手に入らず、大学図書館にも所蔵されていないものがほとんどだったので、自分で買い求めるしかなかった。とりわけ、「分岐学(cladistics)」という新しい学問体系に基づいて、系統関係をふまえた生物分類体系の構築(生物体系学)と地理的分布のパターンの解析(生物地理学)の再構築を目指す本書『生物体系学と生物地理学』は、この新興分野のきわめて重要な教科書とみなされていた(くわしくは三中2018a,第3章参照)。これはもう石にかじりついてでも読み通すしかない専門書だ。ところが、本書の理論的叙述(その大半は樹形ダイアグラムの解析に関わっていた)がどう読んでも理解できない。本書を初めて手にしたのは博士課程に進学した1982年の秋だったが、読了するまでほぼ2年もかかった。本書を読みながら記した読書ノート(三中2014)はA4判で計200ページを超え、この読書ノートが私の学位論文(三中1985)の中核になった。

がわかった。

そして、１９８２年の秋口になってようやく本が着便し、さっそく読み始めた。他の分岐学の教科書などもあらかじめ目を通して事前準備はすませたはずだった。自然科学系の専門書を読むときにはその論理構成が読み取れるかどうかが分かれ目となる。演繹的に命題が導出される数学書はその典型的な例だが、それ以外の〝理系〟分野の専門書でも同様のことが成り立つ。本書の中核となるのは生物体系学と生物地理学のパターン分析の方法論を展開した章だった。

ところが——目新しい概念に次ぐ概念がとめどなく押し寄せ、これらの章を読んでもぜんぜん内容が理解できないのだ。これはひさしぶりの完敗読書体験だ。〝アウェイ〟どころか、自分では〝ホームグラウンド〟ど真ん中の本だと考えていたのに、この負け方はただごとではない。はりきって狩りに出かけたのに獲物もなく尾羽うち枯らしてしょんぼり帰ってきたようなものだ。どうやら私は根本的に作戦を誤ったにちがいない。

自分なりにしっかり読み込んだつもりだったのに、いったい何が問題だったのだろうか。私はどこでへまをしでかしたのだろうか。つらつら考えてみてはたと思い当たったのは、この本を読めば何かがわかるという前提が実は間違っていたのではないかという点だった。言うまでもなく、本は読まなければ何もわからないのだが、その本だけを読んで自己完結的にすべてが理解できるわけではないことに思い至った。一冊の本は物質的にひとまとまりの紙束であり、そこには文字空間が展開されている。しかし、その本が属しているもっと広いネットワーク（コミュニティー）まで視野を広げないことには、その本の内容を理解したことにはならないのではないか。

昔からある伝統的な〝枯れ上がった〟研究分野とは異なり、新興分野では現在進行形で理論や概念がかたちづくられ、議論や論争を通して変更されたり棄却されたりすることはまれではない。そのような〝未完成の学問〟を学ぶときには、論議の足元がまだ固まっていないので、ただ書かれている文を読むだけではなく、もっと積極的に足りない部分や欠けている要素を読者が補いながら読み進む態度を身につける必要があるだろう。

すでに確立された分野の教科書であれば、その本「を」読むだけで知識が得られるにちがいない。理系の大学ならば入学してすぐに履修する微分積分学や線形代数学は「一般教養科目」と位置づけられるほど〝枯れ上がった〟学問分野だ。だから、指定された教科書をまじめに読めば学問内容を正しく理解することは困難ではないだろう。

しかし、新興分野ではそうは問屋が卸さない。教科書と銘打たれてはいても、いまだ不定形の分野を漏れ落ちなく記述できているとはかぎらないからだ。議論の流れが十全にたどられているかどうかも確実ではない。要するに、方々に隙間や穴が開いていることを覚悟しなければならない。だから、その本「を」読んだだけでは理解し尽くせる保証はない。むしろ、その本「で」読む——つまり、その本を足場にして背後に広がる新興分野の現況を読み取る姿勢が読者に求められる。

その点にやっと気づいた私は詳細な「読書ノート」をつくり始めた。博士課程に在籍中の１９８２～１９８４年にかけてＡ４サイズの紙に手書きしたこの読書ノートは、本書を読みながら論旨を追うとともに、書かれていない前提や詳細な数式の導出、定理の証明、さらには関連する文献からの追加情報なども含め、最終的に計２１９ページという分量に達した。これほど詳細な読書ノートを書き続けるのは私にとってたった一度限りのことだった。やはり明確な目的と動機がなければ途中で挫折していたにちがいない。この読書ノートは現在インターネットですべて公開している（三中 2014）。さらに、このノートを中核として私の学位論文を書きあげることになった（三中 1985）。一冊の本を精読することにより得られた収穫は豊穣だった。

できたての科学がまだ固まりきっていないとすると、それを記述する本もまたその〝全体像〟を細部にいたるまで描ききれないだろう。極端な話、本に記されているのは〝部分〟の羅列であり、それらをどのように組み合わせて〝全体〟をつくり上げるかは著者でさえまだ成就できていないかもしれない。そうなると、読者は単に著者を追いかけて読むだけではいつまで経っても目的は達成できない。読み手は読書戦略の転換をしなければいけない。

中世記憶術の専門家であるメアリー・カラザースは大著『記憶術と書物：中世ヨーロッパの情報文化』(Carruthers1990) の中で記憶と想起の関係についてこう述べている。

想起の作業でいちばん重要なのは「捜し出すこと」で、ちなみにこの「捜し出すこと(investigatio)」ということばは、「わだち」とか「足跡」を意味するvestigiaと同じ語源をもっている。記憶術の、事物を組織化するスキームは、どれも発見的なものであり、「発見すること」を目的とする再生のスキームである。「発見的(heuristic)」ということばは、「発見する」というギリシア語の動詞から派生したもので、私は、「経験的探求を誘発したり行なったりするのに役立つが」、それ自体「立証されていない、あるいは立証不可能な」あらゆるスキームないしは構成物という意味で、この「発見的」ということばを使っている(Carruthers 1990, 訳書 pp.42-43)

ここでカラザースの言う〝発見的〟とはアブダクションを指していると考えられる。第1章の総論で説明したように、読書は〝部分〟から〝全体〟へのアブダクションのひとつとみなされる。ここでいう部分とは読みながら拾い集める手がかりであり、読者はその手がかりを頼りに全体を推定しようとする。つまり読書とは既知の読書記憶から未知の全体構造を発見することだ。しかし、その〝全体〟は著者でさえまだ完成できていないかもしれない。その場合、読者は本「を」読むだけではなく、もう一歩進んで本「で」学ぶ攻めの一手が道を切り拓く（三中 2011）。

カラザースは、本を手にした読者は書かれた文章にもとづいて著者の思想体系の全体像を推論（想起）するために中世記憶術の技法が必要だと結論する。

今一度強調しておきたいのは、書物は記憶をなぞったものではないということ。本と記憶《メモリア》の関係は鏡やコピーの関係ではない。羊皮紙に書かれた文字がその内容をなぞったものでないのと同じである。両者の間にはもっと機能的な関係がある。本は記憶の要求に役立つのだから、記憶を「補助する」といっていいだろう。記憶の要求には生物学的なものもあるが、その多くは中世の記憶文化においては、慣行的、したがってまた因習的、社会的、倫理的なものである。（同書、訳書 p.313）

本は〝記憶のための補助ツール〟であるというカラザースの見解にしたがえば、読書を通じて著者の記憶を読者がどのようにして推論するかは悩ましい問題かもしれない。新興科学では著者がイメージする全体像が細部にわたって本に書かれていないこともあるだろうからだ。私が『生物体系学と生物地理学』で学んだことは、著者が思い描く理論の全体像を理解するためには読者のひとりである私自身もまた〝追体験〟しなければならないということだった。そして、究極の読書とは、読者自身がもうひとりの著者になることかもしれない。

3・3【数読】言葉として数式を読む術

ずいぶん前のことだが、とある編集者から「本に数式がひとつあると読者が十人は減るので注意してください」と忠告されたことがある。私は本職（のひとつ）が生物統計学なので（三中 2015, 2018b）、数字や数式に対する〝がまん強さ〟は人一倍あるだろう。数理統計学や数理生物学の本や論文の数式てんこ盛りをかき分けて読み進む機会も少なくない。その一方で、必ずしも〝数学耐性〟のない一般読者にとっては、読んでいる最中に見たこともない数式や細かい数字が出てきたとたん、その本を投げ出したくなったとしても無理はないかもしれない。

しかし、文字と数式を最初から分けて考えるのはただの偏見ではないかと私はつねづね思っている。身近な例のひとつとして「物体pとqは重さが等しい」という文を挙げよう。「○と□は重さが等しい」という関係を「○＝□」と表すことにすれば、この文は「p＝q」というまったく同義の〝数式〟で置き換えられるだろう。進化生物学に目を向ければ「祖先から子孫が進化する」という表現がある。いま「xの祖先はyである」という文を考えよう（xとyはある生物と仮定する）。このとき「〜の祖先は…である」という述語を「〜A…」と表記するならば、前の一文は「xAy」という〝数式〟で表されることがわかる。つまり、「xの祖先はyである」というふつうのことばで書かれた文は「xAy」というごく短い数式で書かれた文と同一の意味をもつ。

こう考えるならば、私たち読者が慣れ親しんでいる〝言語文〟を読むように、記号で書かれた〝数式文〟もまた読めることがわかるだろう。もちろん、読者は事前に「p」「q」「＝」「x」「y」「A」という記号の意味（定義）を理解（記憶）しておく必要はある。数学は〝論理の学問〟とみなされることが多いが、実は〝記憶の学問〟であり、無数に編み出される記号や概念や定義をひとつひとつ覚えなければ先に進めない。逆に言えば、それらの定義さえ正しく覚えておけば、どんな複雑な数式といえどもふつうの文章（言語文）とまったく変わりなく〝読める〟はずだ。

私はこれまで長年にわたって農学や生物学を専門とする学生や研究者を相手に生物統計学の講義をしてきた経験がある（三中「租界〈R〉の門前にて」ウェブサイト）。農学系・生物学系の彼らの多くははっきりいえば数学（統計学を含めて）がそれほどできない。だから、フルスロットルで数式を〝乱射〟するとたちまちあたり一面が死屍累々という惨状になる。そうならないように、私が大学や企業や研究所で統計学を講義するとき、受講生を前にして「数式をふつうの文章のように読めることを目指してください」と言うことにしている。

とはいえ、〝平文〟の言語文のようにいつでも数式文が読めるかと問い詰められれば私は口ごもるしかない。ここで例に挙げるのは、理論生物学者ジョゼフ・ヘンリー・ウッジャーの『The Axiomatic Method in Biology（生物学における公理論的方法）』（Woodger 1937［書影4］）だ。厳密な数理論理学によって生物学全体をカバーする公理的体系を確立しようとしたこの理論書は、大学院生だった私にとってはそびえたつ絶壁のような存在だった。実際、どのページもおびただしい論理式に埋め尽くされていて（［図1］）、その難解さは、たとえ地の文が日本語で書かれていたとしても、何ひとつ救いにはならなかっただろう。

たとえば、数学の教科書や参考書を見ればすぐにわかることだが、言語文と数式文の比

[書影4]
Woodger『The Axiomatic Method in Biology』（Woodger 1937）

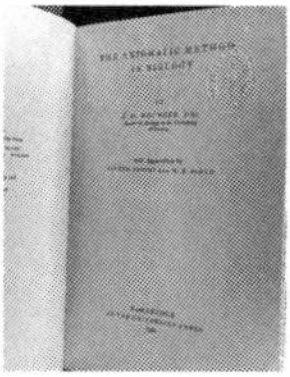

20世紀前半に始まる「論理実証主義（logical positivism）」は1930年代以降の「統一科学運動（the unity of science movement）」へと連なっていった。すべての科学は究極的に“統一”されるべきであると主張するこの運動は、数理論理学の概念と数式を“共通言語”として使うことにより、生物学を含むさまざまな科学を統一的に記述できる「公理系（axiom-system）」の構築を目標に据えた。要するに、数学を用いて科学を語るという立場である。理論生物学者ウッジャーの手になる本書『生物学における公理論的方法』はかつて大学院時代に読んだもののまったく歯が立たなかった。ウッジャーは同値関係と半順序関係（三中2017,第2章）を踏まえた公理系を設定し、生物学（遺伝学・発生学・分類学）への適用を試みた。最初から最後まで論理式が並ぶ本書はまちがいなくほとんどの生物学者にとっては解読不能な“未知の言語”で書かれた本とみなされたようだ。私は、ウッジャーの学問系譜に連なるジョン・R・グレッグの著書『The Language of Taxonomy : An Application of Symbolic Logic to the Study of Classificatory Systems（分類学の言語：分類体系研究への記号論理学の適用）』(Gregg 1954)をつたってこの“絶壁”の登攀を試みた。本書の内容や意義については拙著『系統体系学の世界』（三中2018a）の第4章を参照されたい。

[図1]

Woodger
『The Axiomatic Method in Biology』のあるページ

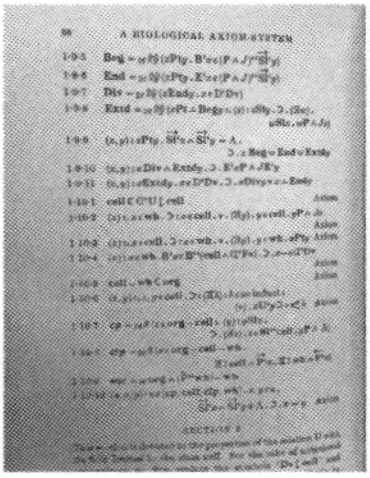
A BIOLOGICAL AXIOM-SYSTEM

ウッジャー本の原書は日本国内の公的機関には現在でもほとんど所蔵されていない。私が本書を最初に読んだのもコピー(あるいは孫コピー)だった。細かい数式(論理式)が詰め込まれた本書はコピーによる画質の劣化のせいで、ところどころ判別できないほど字がつぶれていた。私がこの原本を入手したのはずっと後のことである。ウッジャーは、「統一科学運動」の理念を具現化するために、アルフレッド・ノース・ホワイトヘッドとバートランド・ラッセル『Principia Mathematica(数学原理)』(Whitehead and Russell 1910-1913)が確立した数理論理学の「公理化(axiomatization)」の手順を生物学に適用した。「部分」「時間」「器官」などを含む公理(axiom)を与えることで、生物学の各分野の論理構造を表現できると考えた。見ての通りの数式のオンパレードで、読者の中にはこんな数式はちらりと見るのもつらいと感じる向きも少なくないだろう。それをあえて"読む"には読者はどうすればいいのだろうか。

率ひとつをとっても、その本の〝可読性〟を大きく左右する。ウッジャーの最初期の著作である『Biological Principles: A Critical Study（生物学の原理：批判的論考）』（Woodger 1929）は、生物学の確固たる科学的基礎は哲学（論理学）に依拠して構築されるべきだと論じているが、１９２０年代のうちは彼はまだ公理論的なメタ理論を実際につくり始めてはいなかった。

しかし、その後の十年間で、ウッジャーは記号論理学を共通言語とする遺伝学と発生学の公理化を進めた。その成果である『生物学における公理論的方法』では数式文の比率がきわめて高く、何ページにもわたって論理式が書き連ねられている章もある。また、本書の要約編とも位置づけられる『The Technique of Theory Construction（理論構築の技法）』（Woodger 1939）も同様に数式文の比率は高い。後年のターナー講義録『Biology and Language: An Introduction to the Methodology of the Biological Sciences Including Medicine（生物学と言語：医学を含む生物科学の方法論序論）』（Woodger 1952）にいたるまで、生物学と論理学の両分野の予備知識を読者に要求した点で、ウッジャーの著作はどれをとっても読み通すのがきわめて難しかったのではないかと私は推測する。

あるきまり（定義）のもとで言語文を〝圧縮〟したものが数式文なのだから、さかのぼって〝解凍〟すればどんな数式文も正確に元の言語文に展開できるはずだ。厳密な数理を用いて書かれている論文や著書の読み方はそれしかない。その境地に少しでも接近するためには、読者は「この数式は要するに何を記述しようとしているのか」「その数式はふつうの文章でどう書けるのか」を絶えず問いかけつつ、数学の海を泳ぎ切る覚悟が必要だろう。

3・4【解読】外国語の壁を越えて

前節で示したように、読者のなかには本で〝数式〟に遭遇すると、まるで〝外国語〟を見たような違和感（疎外感）を覚えてしまう人もきっといるだろう。では、比喩ではなく、本当の意味での〝外国語〟だったらどう感じるだろうか。本書を手にする読者の大部分は、学校義務教育から始まって何年にもわたり、日本語のほかに〝第一外国語〟として英語を学んできただろう。その後、高校や大学に進学してからも英語の勉強はきっと続いただろう。

私にとっての〝外国語〟は今ではもっぱらその言語で書かれた文献を読むことだけが目的なので、会話や口頭でのやりとりが上手いわけではけっしてない。口や耳のコミュニケーションではなく、目を通しての〝狩猟〟の技をみがくことが何よりも大事だった。それは英語にかぎったことではない。たとえ文書が何語で書かれていようと、それを読む習慣が身につくと〝猟師〟の仕事にとってとても役に立つ。

母語の日本語で書かれた本を読むとき、私はすべての単語をひとつひとつ読んでいるわけではない。一文を全部あるいは一段落をまるごと視野に入れて、〝かたまり〟として読んでいる。もちろんそのような読み方だと予期しない〝読み飛ばし〟や〝読み落とし〟のリスクがあるので、おおっぴらにお勧めできる読書法ではないかもしれない。しかし、実際には私はそういうスタイルで本を読み進んでいる。言い換えれば、私は〝完全主義〟の読書を最初からするつもりがないのかもしれない。ざーっと全体を定速で読み進んで、必要なノードをサンプリングしたら、またその先をざーっと読んでいく。最後に振り返ってノードの連結をする――この繰り返しだ。より精読する必要があれば、その箇所にもどってフォーカスを絞ればよい。

日本語以外の外国語で書かれた本を読むときも基本スタイルは変わりがない。使われている言語を問わず文字空間をざっくりとサンプリングして、書かれた内容に関する推論（アブダクション）を繰り返す。一語一語をたどるという〝逐語読み〟は私にとっては禁じ手だ。それは一見もれなく精読しているように見えて、実は全体像を見逃してしまう危険がある。読者はその本が提示する大域的な〝森〟をしっかり目に焼き付けたい。局所的に生える〝木〟は必要に応じてくわしく検分すればいいだろう。読書の〝拙速主義〟——〝完全主義〟の反意語だ——は私にとってもっとも重要なスローガンである。

私に近い世代であれば、大学の初年度教養時代に〝第二外国語〟の履修を課されていただろう。もう半世紀近く前のことだが、東京大学教養学部（駒場）で私はドイツ語を選択した。当時のドイツ語教師は、南原繁東京帝大元総長の息子にして、青樹簗一《あおきりよういち》のペンネームでレーチェル・カーソンの名著『Silent Spring（生と死の妙薬：自然均衡の破壊者科学薬品）』（カーソン 1964）——現在では『沈黙の春』として知られる——を訳した南原実だった。

もちろん、母語の日本語や第一外国語の英語に比べれば、第二外国語のドイツ語では読解力が大幅に落ちる。しかも、多くの場合、教養時代にさんざん勉強した（させられた）第二外国語や第三外国語は専門課程に進学してしまうと使う機会がほとんどなくなり、結果として忘却の一途をたどることが多い。現在の東京大学では、第二外国語自体が必修ではなく選択科目になってしまった。しかし、私の場合は、幸いなことに、駒場にいた頃にはドイツ語の生物学論文を読むセミナー（当時植物学の教鞭を執っていた畑中信一教授の主宰）にも加わっていたので、その後もドイツ語の科学文献を読む力がある程度はついたようだ。

英語とドイツ語以外の外国語はひたすら独学した。大学院に入ってからは専門分野の生物体系学の基礎文献が英独仏蘭西露伊葡と多岐にわたっていたせいで、それぞれの言語を学ぶ必要に迫られた。見知らぬ外国語であっても文法書と辞書があればとりあえず何とかなった。私の場合はもっぱら読むために外国語を学んできたのだが、印欧語族であれば言語学的に類縁関係のある単系統群であり、文法や語彙の上で類似性があるので、すべてを一から勉強し直す必要はないだろう。

むしろ、その言語が記されている文字が読めるかどうかが大きなハードルになるかもしれない。ギリシャ語がギリシャ文字で、ロシア語がキリル文字で書かれることは周知だが、言語による使用文字のちがいだけでなく、同じ字体でも時代によって異なる書体が使われることがある。十九世紀ドイツの進化学者エルンスト・ヘッケルの書簡集『未解決の宇宙の謎』［書影5］は通常のローマン書体で組版されているが、それと深く関係するもう一冊の本『Franziska von Altenhausen（フランツィスカ・フォン・アルテンハウゼン）』（Werner 1927［書影6］）はフラクトゥール書体で印刷されている。ローマンとフラクトゥールでは書体が異なるので慣れないと読むことさえできない。

現在の社会的趨勢としては英語さえ何とかなれば（＝読める・書ける・話せる）、それ以外の〝非英語〟——そこには日本語さえ入っているかも——はどうでもいいだろうという意見が強まっているように私は感じる。その一方で、まったく知らない言語であってもさまざまな翻訳ツールを使えばむしろ英語と〝非英語〟との隔たりは縮まっているのではないか。

[書影5]

Elsner編
『Das ungelöste Welträtsel』
(Elsner 2000)

私が敬愛してやまない進化学者エルンスト・ヘッケルは、同時代のチャールズ・ダーウィンと同じくらい筆まめで、妻や親族宛の書簡がすでに出版されている。しかし、全3巻計1300ページを超すこの書簡集『未解決の宇宙の謎』は過去1世紀以上にわたって固く“封印”されてきたヘッケルのある女性関係の全貌を明らかにした。相手のフリーダ・フォン・ウシュラー－グライヒェンはドイツ中部ゲッティンゲン近郊に領地をもつ貴族の長女で、1898年ウシュラー－グライヒェン34歳、ヘッケル64歳のときに頻繁な文通が始まった。二人の間で交わされたおびただしい数の手紙と日記と水彩画そして編者による詳細な付録がこの書簡集には収められていて、ドイツ語にもかかわらず読めてしまう楽しさ。しかし、二人の交際は1903年暮れにウシュラー－グライヒェンが急死して(自殺とも言われている)突然断ち切られることになった。弔問に訪れたヘッケルにフリーダの母親が「ほんとうのことをおっしゃってください」ときびしく詰め寄る場面がとても印象に残る。

［書影6］

Werner編
『Franziska von Altenhausen』
（Werner 1927）

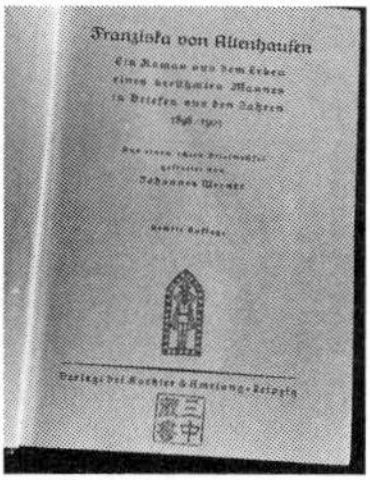

エルンスト・ヘッケルとフリーダ・フォン・ウシュラー－グライヒェンの愛人関係は長年にわたって秘匿されていた。しかし、1919年のヘッケルの死後に彼の親族を通じて二人の往復書簡を手に入れたヨハネス・ヴェルナーは、二人の名前を隠して『フランツィスカ・フォン・アルテンハウゼン：1898年から1903年の往復書簡に見るある有名な男性との物語』という書簡集を出版した。仮名の“フランツィスカ・フォン・アルテンハウゼン”はフリーダ・フォン・ウシュラー－グライヒェンであり、“ある有名な男性”とはもちろんエルンスト・ヘッケルのことだ。あからさまにスキャンダル暴露を狙った本書はベストセラーになり、第二次世界大戦末までに何と14万部も売れたという。本文は古風なフラクトゥール書体で印刷されている。私はそれまでフラクトゥールはぜんぜん読めなかったのだが、本書読みたさに頑張って読めるようになった。人間、強い意志があれば何だってできる。1927年に出たこのドイツ語原書はすぐに英訳され、3年後に『The Love Letters of Ernst Haeckel, Written Between 1898 and 1903（エルンスト・ヘッケルのラブレター 1898～1903）』（Werner 1930）というさらにどうしようもないタイトルで出版されることになった。偉大なるヘッケル先生もしょせん人の子だった。

サンパウロで開催されたある国際会議でブラジルの生物学者が私の日本語総説記事を講演スライドに引用してくれたことがかつてあった。講演後、私はその演者に「わざわざ日本語の記事まで探してくれてありがとう」と言ったところ、彼は「日本語だろうがポルトガル語だろうが言葉の隔たりはたいしたことないよ」と返してきた。確かに、文字言語でも音声言語でも言葉の〝壁〟はだんだん低くなっていることは確かだろう。そういう時代に生きている私たちにとっては「英語 vs. 〝非英語〟」などと区別すること自体が時代錯誤ではないだろうか。

多言語の能力を育むことは文字空間の〝狩人〟である読者のスキルを伸ばす絶好のやり方だ。

3・5 【図読】パラテクストの絵を読む

本書では、これまでずっと読者とは〝文字空間〟の狩人であると言い続けてきた。〝文字空間〟すなわちテクストの空間を読み進むことが読者に課された主たる作業であることはまちがいないだろう。しかし、テクスト（文字）だけが読むべき対象なのだろうか。というのも、本書では文字テクストとともに、随所に本の書影や写真を挿入している。私は物理的実在物としての〝本〟を偏愛してきたので、本の写真を見るたびに文字を読むのとは異なる心地になる。

厳密に言えば、書影や写真は文字ではないのだからテクストとはみなされない。しかし、それらの非文字（非テクスト）が本のコンテンツとして重要な構成要素であることもまた確かだ。このような、本文そのものではない本の構成要素を、文学理論家のジェラール・ジュネットは「パラテクスト（paratext）」と名付けた（Genette 1997）。パラテクストと総称されるものは、本の〝内部〟である「ペリテクスト（peritext）」と本の〝外部〟である「エピテクスト（epitext）」とを結びつける働きをしているとみなされる。ジュネットの言うパラテクストとは、具体的には本文以外の書名（タイトルとサブタイトル）・序文・謝辞・引用・註などである。もちろん、それ以外にも、文中に挿入される図像（松田2010）や巻末に付けられる索引（Mulvany 2005）もまたパラテクストに含まれる。

松田隆美『ヴィジュアル・リーディング：西洋中世におけるテクストとパラテクスト』（松田2010）は、このように定義された文字のテクストと文字以外のパラテクストは、本を取り巻く外部的な文脈——「コンテクスト（context）」——のなかでたがいに関係しあっていると言う。

書物という形態を獲得したテクストが実際に読まれるさいには、書物を取り巻くさまざまな文化的文脈、つまり読者の「期待の地平」をあらかじめ形成している文学伝統やジャンル意識、出版や流通をめぐる諸事情などが、読者にとって受容のためのコンテクストとして機能する。その意味で読書行為は、テクスト、パラテクスト、コンテクストの重なりあう三つの層から構成されていると考えられ、挿絵やページ・レイアウトなどの視覚的要素の役割もこの関係性に基づいて検討される必要がある。パラテクストが常にテクストの読みを左右するとはかぎらないが、中世の書物、とくに本書で検討する中世後期の挿絵入り本では、テクストとイメージの間に読者の読みに影響する多様な相関性が見いだされ、読書を通常以上にヴィジュアルな営為としているのである。（松田 2010, p.30）

画像や図表のような非文字のパラテクスト要素は、必ずしも本文の文字テクストの読解と解釈を補助するという役割を果たすだけではない。松田によれば、一見したところ付随的なはずの図像パラテクストが、本文の文字テクストを超越して、独自の意味世界を形成

しているの指摘する。本書における掲載画像もまた、本文テクストとはいささか異なる内容を提供することを意図していて、そのパラテクストの説明文（キャプション）は本文とは違った視点からの情報を読者に伝えようとしている。

鳥山石燕の『画図百鬼夜行』（鳥山［高田監修］1992［書影7］）は本における図像パラテクストの役割を考える上で格好の素材である。1776年（安永5年）に3巻3冊で出版されたこの画集には計50余りを数える妖怪たちが登場する。それぞれの妖怪図には名前が付されているだけで、説明文に相当する文章は見当たらない。したがって、この本には全編にわたって図像パラテクストに付随する文字テクストがほとんどないことが大きな特徴である。テクストの説明書きがないことにより、かえってパラテクストをどのように解釈するかの自由度が大きくなったともいえる。

たとえば、「姑獲鳥《うぶめ》」や「絡新婦《じょろうぐも》」や「鉄鼠《てっそ》」のように、京極夏彦の小説により広く知られるようになった妖怪もある。その一方で、声だけの妖怪である「うわん」や二階まで伸び上がる「高女《たかおんな》」（［図2］）のように、その正体がまったくつかみどころのない妖怪もいる。説明文のテクストが付けられていないので、読者はただ図像のパラテクストをひたすら〝読む〟ことで各自が想像を膨らませるしかない。

『画図百鬼夜行』に登場する妖怪たちがどれくらい現実味のあるかたちをしているかはケ

［書影7］
鳥山石燕
『画図百鬼夜行』
（鳥山［高田監修］1992）

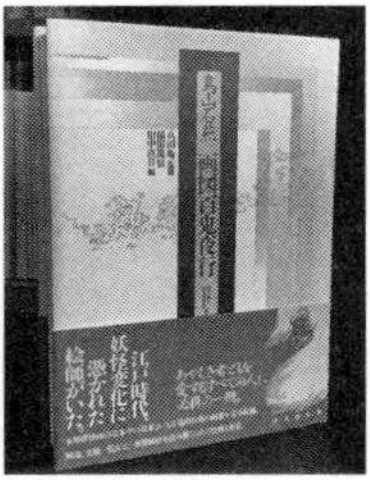

19世紀の愛書家アンドリュー・ラング（ラング1993）は、『画図百鬼夜行』について「日本の芸術家は震えるような輪郭の幽霊を描くことで、偶発的で、変幻自在に姿を変える幽霊の本質を描いているようだ」（p.75）と述べている。水木しげるの漫画や京極夏彦の小説に登場する妖怪（人外）たちは、あるときは不安感と恐怖心をあおり、またあるときはこっけいな姿として描かれる（水木1998-1999）。本書『画図百鬼夜行』は日本の妖怪画のルーツとして有名で英語にも訳されている（Toriyama［Yoda and Alt編］2016）。妖怪や幽霊はそれが実在するのかしないのかが判然としないところに怖さがある。石燕の描くもののけたちは、記された文字テクストによって説明されたとしても、描かれた図像パラテクストからじわりと滲み出る“得体のしれなさ”が背後から迫ってくる。存在そのものがあやふやな“もの”に対して名前を付け、絵画として図示する――この命名と可視化こそ文字テクストの“外”に位置づけられる図像パラテクストのもっとも重要な役割だ。

ースバイケースで異なる。「猫また」「鼬《てん》」「獺《かわうそ》」「狸《たぬき》」のように形態的には実在する動物とほとんど差がない場合もある。その一方で、「ぬらりひょん」「しょうけら」「ぬっぺっぽう」のように現実味のまるでない妖怪も少なくない。事物の実在性の有無を文字テクストから判断するのは難しいかもしれない。しかし、それらがいったん図像パラテクストとして可視化されたならば、読者は強力な手がかりを与えられるだろう。視覚的なオブジェクトとして〝実体化〟されることにより、私たちがもともと持ち合わせている認知機能が

［図2］
鳥山石燕
『画図百鬼夜行』の「高女《たかおんな》」

『画図百鬼夜行』の「陽」の巻に載っているこの妖怪は説明文がまったくなく、その由来は不詳とされている（鳥山1992, p.60）。遊郭らしき建物の階段越しに二階まで伸び上がっているようすや、暖簾の向こう側にお茶道具が見えているところから、客を取れなかった下の階の遊女が妖怪となって、上の階にいる人気のある花魁《おいらん》を覗きにきたのではないかという推測もある（Toriyama 2016, p.40）。出典http://dassaishooku.p2.weblife.me/p5/_src/67377/page0034main018.jpg Accessed on 26 June 2021.

作動し始めるからである。

日々の生活の中でふと感じる〝違和感〟や〝ひっかかり〟は、ほとんどの場合、その場その時に限定される唯一的な事象（あるいは認知現象）だろう。しかし、喉元を通り過ぎてしまえばきれいに忘れ去られてしまうことが多いのは、それらが自分ひとりの個人的なできごとであって、他者と共有されているわけでもないと自分が勝手に思い込んでいるからかもしれない。一方、ある人が遭遇したそれらのできごとや認知は、実は他人にも共有されている可能性は少なからずあるだろう。ただし、その共有性が私的ではなく公的なコミュニティーのレベルで認識されているかどうかはわからない。もしも公的に認知された現象ならば、そのうち自然発生的に命名されて固有の名前をもつことになるだろう。いったん名前を有したならば、さまざまな想像力を駆使してヴィジュアルな姿形として可視化される道が拓けるにちがいない。

伊藤龍平の著書『何かが後をついてくる：妖怪と身体感覚』（伊藤 2018）は、誰もがもっている〝身体感覚〟から〝妖怪感覚〟が派生してくるとみなす。

――私は、「妖怪」とは、身体感覚の違和感のメタファーだと思っている。その違和感が個人を超えて人々のなかで共有されたとき、「妖怪」として認知される。少なくと

――も、民間伝承の妖怪たちの多くは、そうして生まれたのだろう。（同書, p.14）

身体感覚としての〝妖怪感覚〟はどこまでも個人的な体験だから、そのかぎりではまったく正体不明の〝怪事〟としか言いあらわしようがない。しかし、その〝妖怪感覚〟がコミュニティーとして共有されたとき、それを指し示す「名前」が新たに付けられることになる。つまり、命名されることにより、個人ではなくコミュニティーのレベルで〝公認〟されるわけだ。その次に〝可視化〟の段階がやってくると著者は言う。

暗闇の中で湧き上がるさまざまな感覚（視覚以外の聴覚や触覚を含めて）をどのように説明すればわれわれは納得できるのか。私が以前に書いた『分類思考の世界：なぜヒトは万物を「種」に分けるのか』（三中 2009）では、鳥山石燕の描く妖怪〈うわん〉を例に、「ある」と「ない」の境目が生み出す不安と恐怖、そして命名されることによる安心について考察した。

声のみ伝わる妖怪〈うわん〉は私たちの不安の産物だ。しかし、たとえ姿形が曖昧模糊としていても、名前さえわかればとりあえずは一件落着だ。正しい名前で呼ぶことの大切さは、サイエンスとしての分類学以前から伝承されてきた東アジア固有の文

――化である（同書, p.52）

――いったん名が付いてしまえば、姿形はあとでどうにでもなる。『画図百鬼夜行』の〈うわん〉は禿頭の坊主のような姿体をしている。この図を見た者は、名がつけられ姿が描かれていることに対して安心するわけである。名もなきものは最初から存在していない。その逆に、名さえあれば「ない」ものも「ある」ことになる。（同書, p.52）

この引用文では、命名と可視化に先立つ存在論的な心もとなさを私は指摘した。私たち読者にとって、文字テクストは論理の流れを明示し、読者が納得できる説明を著者が提示しているかどうかを読み取る上で重要な機能をもつツールだ。しかし、図像パラテクストは、文字テクストとはまったく異なる次元で、私たち読者の知覚と認知により直接的に働きかけていると言えないだろうか。

ここまでは、直感的にわかりやすい事例として妖怪の可視化についてみなさんに説明した。しかし、本をひもとくとき、文字ではなく図表を〝読む〟機会はほかにもたくさんある。もうひとつの身近な例、地理的な情報を可視化した「地図」を挙げることができる。ある場所や施設の位置情報を知りたいとする。もちろん、文字テクストで記されている該当地の住所は確かに地理的な情報だ。しかし、実際にそこに行こうとするとき、よほどその地域の土地勘がある人以外は、文字で書かれた住所だけでは容易にたどり着けないだろう。

地理的情報は地図という図版パラテクストとして可視化されることにより、初めてそれを〝読む〟旅行者に役立つ情報が伝達される。地図の読み方を知ってさえいれば、目的地への経路はもちろんのこと、その周辺の状況を含めて読み取ることができる。私たちはすでに地図というメディア——紙版であれ電子版であれ——にすでに慣れ親しんでいるので、それをあえてパラテクストと名付けるのはかえって違和感を生んでしまうかもしれない。つまり、地図はすでに文字テクストによる説明が不要なほど独立したパラテクストであるとみなせるということだ。

カルトグラフィー（地図作成学）と呼ばれる学問がある。現在ではインフォグラフィックスの一領域であるこの分野は、複雑な空間情報をより見やすい地図として可視化するためのさまざまな技法を生み出している。杉浦貴美子『地図趣味。』（杉浦 2016）や本渡章の『鳥瞰図！』（本渡 2018）に所収されている古今東西の歴史的地図を読むと、地図へのかぎりない偏愛と好奇心が一般読者を捉えて離さない。

カルトグラフィーの歴史は可視化技法の発明の歴史でもあった。たとえば、1世紀前の大正から昭和にかけて〝鳥瞰図絵師〟として大活躍した吉田初三郎は、江戸時代の浮世絵の伝統と明治以降の西洋画の様式をミックスした画風で、全国の名所図会や鉄道案内を独自の三次元的な〝鳥瞰図〟として描いた（本渡2018, 第1章）。吉田が考案した技法は、より汎用性のあるインフォグラフィックスの可視化デザインとして発展している。マニュエル・リマの『The Book of Circles――円環大全：知の輪郭を体系化するインフォグラフィックス』（リマ2018）の「Family 6: 地図と計画図」には、立体的な鳥瞰図を作成する最新の技法が解説されている。

リマのもう一冊の著書『The Book of Trees――系統樹大全：知の世界を可視化するインフォグラフィックス』（リマ2015）の日本語序文には、葛飾北斎の連作浮世絵〈富嶽三十六景〉の一枚である「神奈川沖浪裏」を取り上げてその現代的意義を論じている。

データ視覚化を説明する簡潔なアナロジーとして、私はこれまで何度もこの浮世絵を取り上げた。すなわち、富士山がさまざまな角度と視点から描かれたのと同様に、いかなるデータセットや関心のある主題も描けるだろう。夏の富士山はどのように見えるだろうかとか、村落から見た富士山はどのようであるかという目的あるいは疑問によって、異なる視点が選ばれることになる。データのなかに潜んでいる風変わりな

パターンや相関を検出しようとする多くの可視化の試みも、それと同様の作業である。データ視覚化への関心が現在いきなり注目されるようになったわけだが、理解のための主たる技法としての視覚化が人間の好奇心をいかに駆り立てるかは何世紀にもわたって変わることがなかった。（同書, p.8）

日本で花開いた浮世絵の系譜に連なる〝鳥瞰図〟の文化は、私たちが想像する以上にもっと広い一般性・普遍性をもっている証左ではないだろうか。吉田初三郎は多くのなかのひとつの事例にすぎない。

文字と図表の関係は〝テクスト〟と〝パラテクスト〟という関係だけでは捉えきれない部分があると私は考えている。どちらか一方が「主」で、残る他方が「従」というふうな上下関係として理解するのは筋が悪い。むしろ、それぞれが別次元の〝言葉〟であるとみなすべきではないだろうか。

もちろん、本によっては（本書もそのひとつだが）、ほとんどが文字で埋められていて、ごくたまに図表が挿入されているような場合もあれば、逆にほとんどが図表ばかりで、文字による解説文はほんの少ししかないこともあるだろう。たとえば、ジャン・ロペズ（監修）の大型本『地図とグラフで見る第２次世界大戦』（ロペズ 2020）は、詳細な図版が主のインフォグラフィックス本である。

第二次世界大戦では、長年にわたって兵隊・武器・資材が国境をまたいで大規模に移動し、それらを生みだした戦時下の経済活動もまた戦火の広がりによって大きく変動した。もちろん、多数の民間人も爆撃や侵攻による大きな被害を受けた。これらを記録した膨大なデータがあって、それらは現在公開されている。もちろん、これらのデータは文字や数値として蓄えられており、そのままでは理解することはできないだろう。

本書『地図とグラフで見る第2次世界大戦』は、この世界大戦の全貌を「データ」の観点から見渡し、〝データ解析〟ではなく〝データデザイン〟という新しい視点から編まれた圧倒的な図版が見ものだ。大量の生データを可視化し、詳細かつカラフルなグラフを駆使することで、当時の戦闘状況を時間軸・空間軸に沿って再現する。巨大な判型にもかかわらず、拡大鏡でやっと判読できるほどの詳細なカラー図版の数々は、データそのものを見せることの威力と意義をわれわれに再認識させる。この〝データデザイン〟の分野はサイエンスとアートの境界でいま大きく展開しつつある。文字テクストと図表パラテクストという対置そのものもまた再考する必要があるだろう。

私たちは〝読む〟という行為の対象は「文字」であると暗黙のうちに仮定している。しかし、本章では、文字以外の「数字」や「図表」もまた〝読む〟対象であると繰り返し強調してきた。「読み書き能力」を意味する〝リテラシー〟という言葉は、これまではもっぱらテクストとしての「文字」に対して用いられてきた。しかし、中村雄祐の『生きるための読み書き：発展途上国のリテラシー問題』（中村2009）では〝リテラシー〟概念を狭義の文字以外にも広く適用することを提案する。

中村によれば、従来の議論では「書面の視覚記号を文字を中心に捉える傾向が強く、数字や図的表現に関する研究は二次的な扱いに留まる」（中村2009, p.8）点で問題がある。つまり、リテラシーすなわち〝識字〟とは「文字」のみに限定されてしまっていたが、数字や数式のリテラシー——ニューメラシー（numeracy）」——さらに、図表のリテラシー——ヴィジュアル・リテラシー（visual literacy）——にまでリテラシー概念を広げる必要があると中村は主張する（中村2009, p.9）。

確かに、視覚的には「文字」と「数字」と「図表」はたがいに異なっている。しかし、この三者はいずれも「認知的人工物（cognitive artifact）」という点ではちがいがない。この認知的人工物なる概念は道具・記号・言語・制度・規則などを含む大きなカテゴリーである。

——文書の書面上に記された記号は，すべて広い意味では図である．人類史上，書面上には，地図，表，グラフなど多様な図的表現が展開されてきた．それらの中でも(1)言語表現に特化した文字，(2)数量の表現や変換のために発展した数字や＋や＝などの数学記号（以下，便宜的に「数字」と総称）は，それぞれ人間の認知能力と呼応するように特化した機能を発達させ文書という道具の機能を大いに高めたという理由で，あえて特別扱いにする．（中村 2009, p.53）

統計学で実際に用いられている専門用語を理解しても、その先には数学的に厳密な記述をする数字と数式は確かに「特化した機能」をもつ高度な認知的人工物の習得という課題が待ち構えている。この専門分野の体系的知識を学ぶことにより、統計学的なリテラシーを身につければ、そこで使われている文字と数字（数式）は理解できるだろう。しかし、認知的構築物による習得の難易度は明らかにちがいがある。

私たちが第一言語で文字の読み書きを習得する場合，少なくとも文字を対応付けるべき精緻な話し言葉の体系はすでに身につけているが，数学的思考の場合、そのような精緻な体系は一般の人間の側には備わっていない．文字の読み書きを習得するのも簡単ではないが，数字の方がずっとハードルが高く，しかもきりがない．だからこそ，

──世の中には文字嫌いよりもずっと多くの数字嫌いがいるのであろう．（中村 2009, p.71）

通常の意味での文字の延長線上にある数字と図表はどのように位置づけられるか。統計学の理論体系は数字（数式）に埋め尽くされている。しかし、仕事や研究の現場でデータ解析をしなければならない多くの統計ユーザーにとって、必要なニューメラシーを身につけることは必ずしも簡単とはいえない。しかし、数値データや数式による表現をそのまま〝読む〟ことはたとえ困難であったとしても、適切なグラフやダイアグラムという図表に変換すれば〝視覚的〟に〝読む〟ことは可能だろう（三中 2018b）。

読む／読めないのリテラシー問題は単純ではない。同じ認知的構築物であっても、文字のリテラシーと数字のニューメラシーと図表のヴィジュアル・リテラシーは異なるタイプのリテラシーだからである。文字が読めても数字が読めるわけではない。数字は読めなくても図表ならば読める可能性がある。読者側の知識や適性によってリテラシーには個人差があることは否定できない。

ここで威力を発揮するのが、インフォグラフィック・ツールとしての図的表現すなわちさまざまなグラフやダイアグラムだ。統計学の世界でも高度なモデリングを踏まえた解析計算をする前には必ず統計グラフィックスを用いた数値データの可視化を行なう（三中

2018b)。中村はヴィジュアル・リテラシーの優位性についてきわめて興味深い指摘をしている。

> 少なくとも経験則として「私たちは，自分の経験や知識との間の対応付け（mapping）ができさえすれば，図的表現をただちに理解できるようになる」といってよいのではないだろうか…〈略〉…ここでは，図的表現は，昔も今も，先進国でも途上国でも，私たちの知的活動を支える重要な道具・方法であり続けていることを確認しておこう．（中村 2009, p.60）

現象の規則性を直感的に認知する際に、身体的感覚としての数字や数式のニューメラシーは、過去の人類進化にあっては生存を左右する要因のひとつとなっただろうが、その習得は簡単ではない。一方、図的表現のヴィジュアル・リテラシーは、たとえニューメラシーほど正確な予測はできないとしても、誰もが使える利用できるという点で利用しやすいだろう。

専門科学分野での図的表現の広範な利用は統計学だけではない。生物体系学における分類や系統の研究でも多種多様なダイアグラムが可視化に用いられている（三中 2017; 三中・

杉山2012)。近年の生物多様性研究を支えているのはゲノム遺伝子情報と形態的形質情報である。それらのデータから推論される系統関係はダイアグラム――直鎖的チェイン、分岐的ツリー、そして網状ネットワーク――によって可視化される。このダイアグラムを足がかりにして、対象生物群の系統発生や形質進化そして分類体系を論じることができる。系統ダイアグラムを〝読む〟ことは体系学研究の要《かなめ》となっている。このように、複雑かつ大量のデータを〝読む〟ことは、科学研究の分野を問わず、いつでも必要となる。

コラム3 〈崩書三昧〉壊れる本、壊す本

潮田登久子《うしおだとくこ》の写真集『ビブリオテカ：本の景色』（潮田2017）が示すように、紙の本は形ある物理的な実在なので、いろいろな原因で汚れたり破れたりして壊れていく。本をいっさい汚したくないのであれば究極の名案がある。それは頑丈な箱に格納した上で鍵をかけて誰にも触れさせなければよい。保存状態がよく湿気や害虫の被害から免れれば数百年は安泰だろう（紙の本は電子本よりもはるかに寿命が長いことはよく知られている）。本は意外に丈夫だ。

しかし、一読者の立場から言えば、まったく読まずに保管するだけではいったい何のための本なのかという根本的な疑念が湧き上がる。「本を燃やすよりもひどいことがあるとすれば、それは読まないことだ」と喝破したのは、旧ソヴィエト連邦で迫害を受け続けたノーベル文学賞詩人ヨシフ・ブロツキーだった（バエス2019,p.527）。本は読まれて初めて存在意義があるというものだろう。できることなら最後まで読み尽くすことが本とその著者に対する礼儀であると私は信じている。たとえ何かの理由で読了できず、結果として本が汚損されることになったとしても。

読み手によってしっかり使い込まれた本が破れたり汚れたりするのはやむを得ない〝経年劣化〟である。その一方で、地震や火災などの突発的な災害に遭遇して、不運にも壊れてしまう本もある。［写真1］は10年前に起こった東日本大震災で震度6の揺れに翻弄されて書棚から落下してしまったある本の痛々しい姿だ。大震災で崩れた本の山の何冊かは、崩落した書棚のもはや手の届かない〝奈落の底〟に落ちてしまい。いまだに救出されてはいない。人にとっても本にとってもそのような天変地異は避けられない災難であり、過酷な運命を甘受するしかない。

読書による劣化や自然災害による汚損により本は壊れていく。他方、人為的にわざと本が壊されることもある。個人に対する文筆活動の抑圧あるいは民族・文化に対する迫害として書物が破壊されてきた暗黒史はフェルナンド・バエスの大著『書物の破壊の世界史：シュメールの粘土板からデジタル時代まで』（バエス 2019）に世界中の事例がまとめられている。

しかし、抑圧とか迫害とはまったく無関係に、私はある目的で本を積極的に破壊したことがある。本を壊すと聞いただけで血圧が上がる向きもあるにちがいないが、私の場合はむしろ紙の本を徹底的に読むために物理的制約から〝解放〟していると言えるかもしれない。「本を壊すなどという暴力的なことをしなくても、

[写真1]

アンドレ・ロビネ

『Malebranche et Leibniz』

(Robinet 1955)

17世紀末から18世紀はじめにかけて、フランスの思想家ニコラ・ド・マルブランシュ(1638-1715)とドイツのゴットフリート・ヴィルヘルム・ライプニッツ(1646-1716)を中心に交わされた書簡集。マルブランシュからデカルト思想の継承者として彼の二元論を発展させるとともに、同時代のライプニッツと神学・形而上学と自然哲学をめぐる論議を展開した。しかし、ここでは哲学の話題につなげるために本書を挙げたのではない。本書は20年ほど前に神田小川町の崇文荘書店で入手した古書だ。500ページ超の厚さでも、フランスの書籍によくある小口を切り落とさない"アンカット"の仮製本だった。本書は研究室の書棚の上に安置していたのだが、2011年の東日本大震災の揺れで落下して、その衝撃で背が真っ二つに割れてしまった。背を綴じていた糸が劣化して切れやすくなっていたのだと推測される。形あるものはいずれ消え去る宿命とはいえ、たいへん申し訳ないことをしてしまった。さぞや痛かっただろう。

電子本があればそれで万事解決ではないか」と考える読者がきっといることだろう。しかし、当時はまだ電子本などというものはこの世に存在していなかった。

［写真2］は十数年前に私が翻訳したある専門書の〝解体〟の証拠写真だ。ペーパーバック版の原書は500ページ超の厚みがあったので、まず本を解体して章ごとに切り分けた。そのおかげで、翻訳作業に必要な章のみ持ち歩いて出張先などでも仕事を進めることができた。もちろん、電子本がまだ普及していなかった時代のことなので、現在ならもっとスマートな（血圧の上がらない）やり方があるにちがいない。

[写真2]

スコット・カマジン他

『Self-Organization in Biological Systems』

(Camazine et al. 2001)

不可抗力で壊れてしまう本もあれば、意図があって積極的に壊される本もある。本書はハチやアリやシロアリなど社会性昆虫がどのような自己組織化ルールにしたがって複雑なパターン構造(たとえば巣のような)をつくるのかを数理モデルをふまえて考察した専門書だ。原書で500ページを超える大著であり、しかもけっこう翻訳に手こずったので、最初に翻訳のオファーをもちかけられてから出版されるまで足掛け5年ほどかかってしまった。出先でも仕事を進めるには、たとえペーパーバックとはいえ、この厚さの本を持ち歩くのはつらい。そこで背を開いて章ごとに切り分けて持ち歩くことにした。公費購入本に対してはそんな大それた所業は御法度だが、私物の本はしょせん“消耗品”にすぎないので、必要があればどんどん備忘メモを書き込むし、このように破壊することも厭わない。場合によっては、ハードカバー本でも切り裂くことがある。読むためには手段は選ばないのが私の主義だ。もちろん、そのときは同一の本を保存用にもう一冊買ってあるのでご心配なく。

第4章

読書術（発展篇）
——読み終わらない本のためのパヴァーヌ

私はいまたいへんな窮地に陥っている。直前の〈コラム3〉で私は「本は読まれて初めて存在意義があるというものだろう。最後まで読み尽くすことが本とその著者に対する礼儀であると私は信じている」(p.198)とうっかり書いてしまった。しかし、私の居室には読み終わらないまま途中で挫折した本やまったく開かれることなく何年も経過した本たちが数え切れないほどうずたかく積み重なっている。ひょっとして私は不遇をかこつそれらの本とその著者たちに対してたいへん〝失礼〟なことをしてしまったのだろうか。そうであれば、私は米つきバッタのようにひたすら頭を下げて一冊ずつ謝るしかない。

しかし——〝失礼なこと〟と〝ワルいこと〟とはそもそも同義なのだろうか。本の著者の立場から言えば、自分の著書を読者が読まなかったとしたら「せっかく書いたのに読まないとはなんと失礼なやつ」とぶつぶつつぶやくかもしれない。しかし、その読者にしてみれば、その本のある一文だけを参照することが当面の目的であり、それ以外の部分はとりあえず読まなくてもいいと考えたのかもしれない。

こう考えると、著者にとって〝失礼なこと〟は必ずしも読者にとって〝ワルいこと〟とはいえない。単に著者と読者ではその本に対して求めるものがちがっているだけではないか。

読書はきわめて個人的な行為なので、誰がどのようなスタイルで本を読もうがとやかく言うべきことではない。著者は著者にしかわからない動機で本を書き、読者は読者で個人的な理由と目的でその本をひもとく。著者と読者はその本を通じて〝たまたま〟接点をもっただけで、その偶然がなければこの世ですれちがうことはなかったかもしれない。

しかし、その一期一会は一心同体を意味しない。いったん著者の手を離れて世に出た本は多くの読者によってどのように読まれても——あるいは読まれなかったとしても——それはもうしかたがないことと観念するしかない。著者と読者は同じ方向を見ているわけではないからだ。だから、ある本を〝最後まで読む〟と〝まったく読まない〟は読者の側から言えば二者択一ではない。それは滑らかに連なるスペクトラムの両端であって、そのときどきの読者側の事情によってどこの〝内分点〟に落ち着くかは変わってくる。著者側の意向とはもはや何の関係もない。

本章では、私がこれまで経験したさまざまな未読了本や未読本を例に取り上げながら、〝読み終わらない本〟の読み方について考えてみたい。

4・i 【復読】読者としてアップグレードする

「読み終えたのに読み終えていない本はあるか？」――相手を煙に巻く禅問答ではない。いったん最後まで読み終えて、要所要所に備忘メモを残し、必要であれば書評を書くと、たいていの本はそれでもう〝用済み〟となる。よほど読み手にとって重要な本でないかぎり、二度三度と繰り返し読むことはまずないだろう。そんな時間があったらまだ手に取っていないあの本やその本を読みたいにちがいない。狩人としての読者という観点から言えば、すでに獲物を獲り尽くしてしまった本に長居は無用ということだろうか。

しかし、いつもは目つき鋭く〝ハンティング読書〟をしていても、限られた何冊かの本は長年にわたって何度も読み返していることに気づく。私の場合、それらの特別扱いの本は、図鑑だったり、小説だったり、ノンフィクション本だったりと分野を問わない。何かの知識を得るためという明確な目的はないにもかかわらず、ふたたび舞い戻ってくるとは何と奇特な読者であることか（著者もきっと喜ぶにちがいない）。

なぜある本――〝愛読書〟と呼んでしかるべきだろう――にかぎっては〝リピーター読書〟をするのだろうか。問い詰められても答えに窮してしまう。ただひとつははっきり言えることは、〝リピーター〟であるかぎり、その本はいつまで経っても読み終わることはないという事実である。〝リピーター〟読者は、最後まで読み終えても、エンドレステープ（死語か……）のように繰り返し飽くことなく最初からまた読み返すからだ。

その一方で、よくよく謙虚に考えてみると、「獲物を獲り尽くしてしまった本」という物言いはとほうもなく傲慢である。読者はたった一回の読書でその本のすべての〝獲物〟を狩り尽くしたなどと強弁できるのだろうか。もう一回読んで初めて見つかる新たな〝獲物〟があるのではないか。さらにもう一回読めばまた新たな〝獲物〟をという新発見が繰り返されるだろう。言い換えれば、読者は読むたびに賢くなっているので、今日の私は昨日の私ではない。読書を〝リピート〟するたびに読者は着実に〝アップグレード〟されていく。

私の書棚のいちばん目につくところに、木原浩勝・中山市朗『新・耳・袋：あなたの隣の怖い話』（木原・中山 1990［書影1］）が立てかけられている。本書はジャンル的には現代怪談本・都市伝説本に分類されるだろう。私は自分自身が魑魅魍魎みたいなものなので、世に言う〝超常現象〟だの〝心霊体験〟だのには興味がまったくない。しかし、そのような現象を目撃したり体験をしたと主張する言説には深い関心がある。というのも、日常生活の裏側に、目に見えない――正しい意味の「オカルト（不可視）」――世界が広がってい

［書影1］
木原浩勝・中山市朗
『新・耳・袋』
（木原・中山1990）

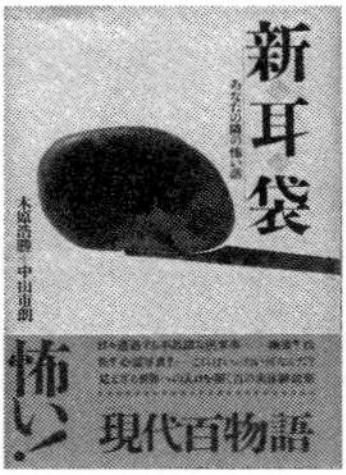

私自身はいわゆる“超常現象”を信じてはいないが、そういう“非日常”を体験したと主張する話はけっこう好きだったりする。妖怪やもののけにまつわる古来の民間伝承やその現代バージョンである都市伝説の類も実はお気に入りだ。本書『新・耳・袋』はもう30年も前の本だが、今でも自宅の書棚のもっとも手の届きやすい位置に立てかけて、ときどき取り出しては読んでいる。切り裂かれたカバージャケットにくるまれた本書はもともとは真っ白だったはずだが、繰り返し読んでいるうちにどす黒く汚れてしまった。以前は本の山の向こうに押し込めていたのだが、気がつくと不思議なことにいつの間にかまた目につく手前に“いる”。前章3・5節で言及した鳥山石燕の『画図百鬼夜行』にも、古びた器物は「付喪神」になって化けると書かれているから、ひょっとしたらこの『新・耳・袋』も本棚の中で人知れず化け始めているのかもしれない。後にメディアファクトリーから同じ著者による『新耳袋』のタイトルで全10巻のシリーズが出たが（木原・中山1998－2005）、私に言わせれば元本であるこの扶桑社版『新・耳・袋』に比べれば、やや“毒抜き”されてしまったかなという気がする。今では食傷するほど多くの都市怪談本が巷に出回っているが、本書は仄暗い湿った質感がざわりとまとわりつく怖さが際立つ。

るという観念は、昔から言い伝えられている民俗文化的な伝承のひとつだからだ。『新・耳・袋』に取り上げられている話のひとつひとつは、現代における都市伝説や学校怪談そして民間伝承と位置づけられる。

『新・耳・袋』の読者が怖気づくのはそこに書かれている事象の得体の知れなさにある。白黒の区別がつかない未分別な状況では実体も名前も何もない。その不安定さに私たちは怖さを感じる。以前、私は「ある」と「ない」の境目が生み出す不安と恐怖についてこう書いたことがある。

> 「ない」と断言できれば、私たちはもちろん安心できる。逆に、「ある」となれば、恐怖感は去らないのだが、その確かな怖さに対して私たちは裏返しの安心感を抱くことができる。やっかいなのは、その判断がつかないときだ。あるなしの境目のぼやけ方がさらなる怖さを煽ってくる。（三中 2009, p.51）

つまり、ネーミングやヴィジュアルに先立って、存在論的な心もとなさが怖さの根源だ。伊藤龍平の『何かが後をついてくる：妖怪と身体感覚』（伊藤 2018）では、こう説明されている。

夜道を歩いているときに背後に違和感を覚えたことがある人は多いだろうが、しかし、それは怪しいという感覚だけで――仮に「妖怪感覚」と呼んでおく――「妖怪」とはいえない。その感覚が広く共有されて、そこに「ビシャガツク」といった名前がつけられたとき、「妖怪感覚」は「妖怪」になる。重要なのは「共感」と「名づけ」である。（伊藤 2018, p.14）

身体感覚としての〝妖怪感覚〟はごく個人的な体験であり、そのかぎりではまったく正体不明の〝怪事〟としか言いようがない。しかし、その〝妖怪感覚〟が共同体レベルで共有されると、それを指し示す「名前」が付けられることになる、つまり、公認されることになる。これらいくつかの段階を経たあとで、はじめて〝ヴィジュアル化〟という次の段階を迎えることができる。

〝怪異〟ということばは私たちを不安にする。それらを非科学的な迷信と一言の元に否定する読者も少なくないだろう。しかし、わが国の歴史をさかのぼると、大々的に文明開化したはずの明治時代になっても奇談怪談は大流行し、さまざまな心霊術・催眠術・霊術が大流行した。〝怪異〟はけっして個人的な体験ではなく、社会現象としてあったということだ（一柳2020）。その〝怪異〟の系譜は当時から1世紀あまりが過ぎた今なおとぎれない。
松谷みよ子の編纂による『現代民話考（全12巻）』（松谷1985－1996）には、昔話のようなお化けや妖怪の伝承はもちろん、もっと近代に近い「タクシーに乗る幽霊」伝説や学校怪談、そして大事故・大震災にまつわる怪異多様な語り伝えが集められている。その中には『新・耳・袋』の祖型のような怪談話も含まれる。現代民話や都市伝説にもきっと時代を超えた系譜がある。

このような〝怪異〟はほかならない私たち自身の心に棲み着いているにちがいないだろう。明治の妖怪博士・井上圓了がいみじくも見抜いたように（井上2000）、人間の心こそ〝真怪〟である。

こう考えてくると、『新・耳・袋』という現代怪談集は、単なる〝ホラー本〟ではなく、人間のもつ根源的な不安感がどのようにコミュニティーとして共有され、集団的な伝承として伝えられていくのかを考察するための格好の資料となる。それは、存在論・心理学・民俗学など幅広い裾野へと広がっていくポテンシャルをもつテーマだ。一回きり読んだだけでは汲めども尽きぬおもしろさがある。リピーターになるしかないではないか。言い換えれば、いつまで経っても読み終わらない本だ。

4・2 【休読】途中で撤退する勇気と決断

本との一期一会の出会いは期待通りのいい結果に終わることもあれば、そうでないこともある。長い読書人生の中ではまるで難行苦行のように一冊の本にしがみついて読み続ける機会もないわけではない（第3章3・2節）。しかし、世の中には〝わからない本〟なんぞいくらでもあるので、いくら読み進んでもぜんぜん理解できなかったとしても悲しむ必要はまったくない。その〝わからない本〟は読み手である自分にとってまだ〝出番〟ではなかった本かもしれないし、もともと〝御縁〟がなかった本かもしれない。そういうときは無理してまで読み進むことはなく、場合によっては途中で〝撤退〟する決断も必要になるだろう。

著者にとっての本の〝難易度〟は読者にとってのそれと連関しているわけでは必ずしもない。せっかく読み始めたのに途中であえなく〝リタイア〟するというのは、読み手にしてみれば実に残念でもあり、後ろ髪を盛大に引かれる痛恨事かもしれない。書き手の側からいえば、上から目線で「読む努力が足りないぞよ」と心の中で言い諭す人もいるかもしれないが、私のように「ホンマそうやねん、この本な、書くのんきつかったし」と遠くからつぶやくこともあるだろう。本によっては、そもそも書かれている内容が文体的に意味不明でどうしようもないこともある。他方、第3章3・3節で説明したように、書かれている内容そのものがもともと難解すぎる場合もあるだろう。

ここで例に取り上げる山田慶兒『黒い言葉の空間：三浦梅園の自然哲学』（山田1988［書影2］）について言えば、著者が取り組んだテーマそのものが先人たちの挑戦をことごとく撥ねつけてきた〝未到峰〟だった点をまず勘案しなければならない。書名の「黒い言葉の空間」とは、孤高の思想家・三浦梅園の主著『玄語』（1775）を指している。梅園は易経の陰陽思想を踏まえ、難解きわまりないこの『玄語』を書き上げた。『玄語』全体の現代語訳（島田・田口1982）と抄訳（山田1984）はすでに刊行されており、さらに三浦梅園研究所の「玄語電子データベース」を参照すればインターネット上でこのおそるべき書物を閲覧することもできる。

しかし、読めることと理解できることとは何の関係もない。『玄語』全訳（島田・田口1982）の訳者のひとりである島田虔次は巻末解説「三浦梅園の哲学」の中でこう述べている。

——『玄語』というものは実に難解、難読である。まず第一に、本書は全文が漢文で、し

［書影2］
山田慶兒
『黒い言葉の空間』
（山田1988）

江戸時代の豊後（大分県）に三浦梅園という思想家（1723-1789）がいた。大分空港から空港連絡バスで別府に向かう途中の国東市安岐町には、三浦梅園の旧宅が史蹟として現在も残されている。梅園は中国の易経の「陰陽思想」を徹底的につきつめ、この世界の全体構造を“陰陽”の二分法のみに基づく体系として確立しようとした（尾形・島田1998）。1775年に書かれた梅園の主著『玄語』（島田・田口1982;山田1984）は、現在では三浦梅園研究所から「玄語電子データベース」として一般に公開されている。しかし、この『玄語』は難解きわまりない著作としても知られている。本文テクストに挿入される大量の図版パラテクストのほとんどすべては円環ダイアグラムであり、テクストとパラテクストの両者を解読することが『玄語』を理解する前提となる。本書『黒い言葉の空間』は、難物の『玄語』を読み解く解説書であると私はてっきり思っていたのだが、実際に読み進んでいくと、こちらはこちらでとんでもなく峻険な道のりだった。けっきょく、私は途中まで読み進んだものの、あえなく立ち往生することになってしまい、いまだにどちらも最後まで読了できていない。これでは、まるで「前門の虎、後門の狼」ではないか。いつかはまとめて制覇したいと願っている。

かも梅園が創り出した独特な術語を縦横に駆使した漢文で書かれており、漢文固有の語法と梅園哲学独自の術語、語りくち、とがないまぜになって、往往、一読のもとではそもそもその趣旨が何処にあるかを摑むことがむずかしい。しかも引用文というものがぜんぜんないので、普通の漢文の書籍のように、難解なところは引用文をてこにして理解の糸口をたぐり出すということができない。（島田・田口 1982, p.645）

『玄語』10万言の文字空間がいかに後世の勇気ある読者の踏査を阻んできたかがわかろうというものだ。しかし、登攀を拒むのは文字テクストだけではなかった。『玄語』には何百枚もの円環ダイアグラム——「玄語図」と呼ばれる——が含まれている。本来ならば、パラテクストとしての図版はテクストの本文の説明のために置かれるはずだが、『玄語』の場合は必ずしもそうとは言えない。

もっとも『玄語』には豊富な図解が別にあって、その思想の理解を助けているのであるが、この「玄語図」自体が、隅から隅まで理解できるというほど生易しいものではないのである。（島田・田口 1982, p.646）

この全訳の玄語図に校註を付した尾形純男の解説記事「玄語図読図について」（尾形1982）には、玄語図を解釈する際の基本についてこう書かれている。

主著玄語本文精読のためにその箇所にもっとも適合する玄語図をさがし出し、両者を精細に比較検討するという困難な、時間を要する体験的学習こそが、その人に玄語図説法を開示するだろう。これが読図法会得の〝本道〟ではある。（尾形1982, p.679）

つまり、本文の文字テクストも読解が困難であるのはもちろん、それに付随する図版パラテクストも輪をかけて解釈が難渋を極めるという〝二重苦〟が『玄語』登攀の行く手を阻んでいた。

円環という図像のもつ完全性・統一性・運動性・無限性という一連の属性はきわめて普遍的で、円環ダイアグラムは世界中に分布する。マニュエル・リマのインフォグラフィックス本『The Book of Circles ――円環大全：知の輪郭を体系化するインフォグラフィックス』（リマ2018）に多くの事例が挙げられている。リマの『円環大全』には東アジア文化圏の円環ダイアグラムの事例として日本・中国・チベット・韓国から採録されている。この汎世界的な円環ダイアグラムの伝統の末裔のひとつが梅園の玄語図であると解釈できる（三中2018c）。

『玄語』の図像パラテクストである玄語図を円環ダイアグラムとしてどのように読み取るかは、本文テクストのひいては梅園の自然哲学を解釈する上できわめて重要な、しかし同時に難度の高い課題となっている。以下、三中（2018c）に即して説明しよう。梅園の円環ダイアグラムの基本構造を［図1］に示す。［図1(1)］の「分合圖一合」は、易経の〝陰陽〟を黒と白の二色で塗り分けて、世界生成の基本型「太極→両儀→四象→八卦」を示している。最初は未分化の単一円（太極）が二分割（両儀）し、続いて四分割（四象）し、そして八分割（八卦）へと順に階層的二分割されていくようすを同心円の区画分割によって可視化する。リマの円環分類体系でいえば、ファミリー3の「円環ツリーマップ」にあてはまるダイアグラムだ。

［図1(2)］の「剖對反比圖一合」では、「分合圖一合」の同心円の各階層ごとに、陰陽（黒白）の境目に〝ノード〟（分岐点）を設定して、隣接する階層ランクの最近隣ノードを〝リンク〟（枝）によって結びつけている。つまり、リマの言葉でいえば、ファミリー7の「ノード-リンク・ダイアグラム」を描いている。梅園は陰陽の織りなす階層構造を今でいうインフォグラフィックスの手法を援用して可視化しようとしたと私はみなしている。

梅園の『玄語』はこの陰陽円環ダイアグラムたる玄語図を森羅万象に適用し、くまなく

［図1］**玄語図の基本構造（1〜3）**

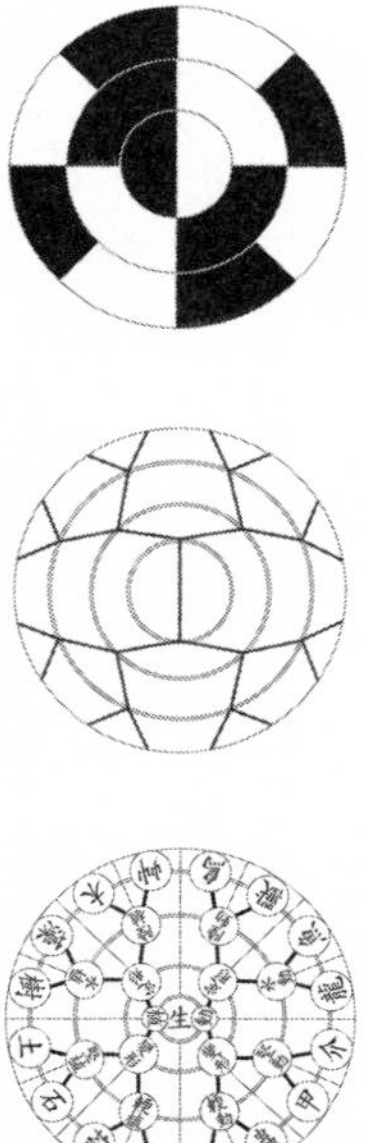

解説は本文を参照されたい。上から(1)分合圖一合、(2)剖對反比圖一合、(3)動植分合總圖。出典：三浦梅園研究所「玄語電子データベース」

体系化するという試みだ。たとえば、生物分類体系に適用された玄語図を［図1(3)］に示す。この「動植分合總圖」は［図1(2)］の円環ツリーマップから派生したノード-リンク・ダイアグラムの各ノードに具体的な動植物の分類群をはめこんだ図である。右側には動物界、左側には植物界がそれぞれ配置されている。梅園の二分岐的な円環分類体系はアリストテレス流の階層的分類体系を髣髴とさせる。

以上の解釈は、梅園の概念世界をあえて私が知っている分野に引き寄せて〝読んだ〟だけで、それがアブダクションとして妥当であるかどうかはぜんぜんわからない。むしろ、パラテクストしか見ていないので、サンプルサイズが小さすぎて『玄語』全体への推論としては穴がありすぎるだろう。ここはやはり本文テクストと図版パラテクストとの綿密な照らし合わせが求められるところだ。『黒い言葉の空間』はまさにそれを志向している。

山田の『黒い言葉の空間』は、もともと梅園抄訳本（山田1984）の巻末に付された同名の「解説」の単行本化である。巻末解説とはいえ実に300ページにも達する長大な論考は、とりもなおさず『玄語』の読解行為が前人未到の読書探検だったことを如実に物語っている。巻末の「後語」で著者は次のように告白している。

> 梅園の哲学的主著『玄語』にはじめて取り組んだときのことをわたしは決して忘れないだろう。初期の著作やかれがみずからの哲学を解説した書簡などはむろん読んでいた。だが、そんな準備などあざ笑うように、『玄語』はわたしのまえに立ちはだかった。『玄語』の序論にあたる「本宗」の初端から、一つのセンテンスも正確な意味が摑めないのだ。語句をあれこれ解釈し、そのセンテンスだけはなんとか理解できたと思っても、アド・ホクな解釈はつぎのセンテンスで跳ね返されてしまう。終りのない繰り返しである。そんなシジフォスの労働に長く耐えられるものではない。わたし

は疲れはてて倦みはてて、まもなく『玄語』をほうり出してしまった。わたしの眼には、『玄語』は解説不能な、そのかぎり無意味な、ちんぷんかんぷんの尨大な文字の塊、と映った。そのときから『玄語』を読むことは暗号解読の作業に変わった。（山田 1988, p.388）

謎が謎を呼ぶ文字テクストの海に放り出されたら、同じ読者の立場からすれば、これはもう深く同情するしかない。著者は次に図版パラテクストに目を向けたことで、テクスト読解への手がかりをつかむ。

なんどめの挑戦であったか。気をとりなおして『玄語』を手にしたものの、いささかの手掛りもあたえてくれぬ文章はむしろおぞましく、寝ころんで図だけを眺めてゆくうちに、多数の図が、ただ一つの例外をのぞいてすべて、二面体群の構造をもっていることに、わたしは気づいた。それは思考法の表現であるにちがいなかった。そう思って文章に立ち返ってみると、ちんぷんかんぷんの羅列のなかに、ときおりきわめて明晰なセンテンスが嵌めこまれている。そのささやかな発見が解読の最初の糸口であった。（山田 1988, pp.388-389）

著者は『玄語』が書かれるときに文章テクストと図版パラテクストはたがいに関連しあっていただろうと推察する。

『玄語』にはおびただしい図がある。梅園は考えながら図を描き、図を見ながら文章を書いていったにちがいない。わたしたちが図を見なければ文章を読みすすめないというだけではない。類似の概念、同声異主や異声同主の概念が錯綜して、著者自身が図を見なければ書きすすめなかったであろうと思える文章が、『玄語』にはいたるところにある。だが梅園にとって、図形は決して考えをはっきりさせ、文章を書いてゆくための、たんなる手段ではなかった。図形ははるかに本質的な意味を担っていた。かれは図形を文章とならぶ重要な表現の手段とみなし、図形表現と文章表現に、共通する機能と相異なる機能とをあたえたのである。（山田 1988, p.195）

『黒い言葉の空間』は、計４００ページ超を費やすことによって、『玄語』が描く世界観と自然観は数学でいう「群論」の観点から統一的に説明できると主張する。私自身はまさにその群論のところで立ち往生してしまって先に進めなくなった。テクストとパラテクストとの錯綜した関連づけはどちらか一方だけ読んでいたのではどうしようもなかったからだ。たいていの本ではテクストが主であって、パラテクストはあくまでも従の役割だ。図鑑や図版本では逆にテクストよりもパラテクストの方が主役になることもある。『玄語』の場合は、ちょうどその中間的な状況で、文章テクストと図版パラテクストが対等の地位で互角の機能をもっていたとみなせるだろう。だから、よけいに読解が難しい。

梅園の描いた数々の玄語図は、江戸時代の日本というローカルな時空的制約からいったん離れて見れば、普遍的な円環ダイアグラム思考のグローバルな潮流にみごとに組み込まれているように私には感じとれる。その観点からもう一度この『黒い言葉の空間』とその元になっている『玄語』の読書を再開できればと願っている。

ここまで、『黒い言葉の空間』をめぐる私の未完の読書体験を綴ってきた。おそらく読者諸氏にも少なくない冊数の〝未完本〟が積み上がっているにちがいない。最初の登攀ではまったく歯が立たなかった本であっても、またそれを手にする機会があればもう少し上まで登れるかもしれない。同じ本を繰り返し手にする機会があるということは、自分にとって〝縁〟があることの証だ。たとえ一度に読了できなかったとしても、そういう本は目につくところに置くようにしよう。時が来れば、本の方から声がかかるにちがいない。

『黒い言葉の空間』は私の机の目につきやすい棚に立てかけてある。まだ呼び声は聞こえないが、私はじっと待っている。

4・3【歩読】移動読書に終わりなし

私が長年住んでいる茨城県つくば市の中心部は、世間的には〝研究学園都市〟などと呼ばれ、国立大学や私立大学はもちろん国立や民間の研究所が集結している土地柄であることはまちがいない。しかし、一皮剝《む》けばここは霞ヶ浦を近くに望む関東平野の一部であり、松林と田んぼが織りなす景色がそこかしこに見られる。幹線道路は自動車や大型トラックの往来がいつも激しいが、一歩脇道に入れば人も車も通らないのどかな田舎道が延びている。

私が勤務している観音台の農林団地には農林水産省系の研究機関が集結するが、その周囲は昔からの集落と田畑がひろがる茨城の〝原風景〟だ。私は天気がよい日の昼休みは、本を小脇に抱えて、農林団地の周りを〝歩き読む〟のが習慣となっている。〝歩き読み〟

つまり本を読みながら歩くというのは、都会では人や車とぶつかっていささか危険すぎる読書だが、つくばの田舎ではまったく問題なしだ。それどころか、歩行というリズミカルな移動に合わせて本を読むのは意外なほど心地よい。居室にいるときは読書していてもいろいろな雑用にじゃまされることが多いが、外を歩き回っているかぎりその心配はない。おまけに運動にもなるので一石二鳥だ。

リズミカルな移動は歩行だけにかぎらない。車や鉄道での移動もまた快適な読書空間を私たちに提供してくれる。永嶺重敏の『〈読書国民〉の誕生：明治30年代の活字メディアと読書文化』（永嶺 2004）は、近代日本において、「読書国民」すなわち「新聞や雑誌や小説等の活字メディアを日常的に読む習慣を身につけた国民」（p.vi）がどのような社会状況のもとで出現したかを明治時代の活字文化に分け入りながら解明した。著者がとくに注目するのは、明治時代に入ってからの郵便制度の充実と交通運輸網の発達により、出版物（本・新聞・雑誌）が短期間に全国流通するようになり、国内全域をカバーする「全国読書圏」が成立したという点だ（第1章）。この全国規模での文字文化の〝同時性〟と〝均質性〟が達成されたことにより、著者の言う「読書国民」が誕生した。

交通運輸網によって運ばれるのは荷物だけではない。明治以降に全国すみずみに敷設された鉄道は貨物とともに多くの乗客を運ぶ長距離輸送手段として重要な役割を果たすようになった。日本国内の鉄路の発達によって可能になった旅客輸送の全国展開は、「車中読書」という新たな読書文化の涵養につながり、活字出版物の受容と供給の場を提供することになった（同上、第3章）。この「車中読書」という新しい読書文化は、それまで当たり前だった〝音読〟を封じ込め、〝黙読〟を社会的に強要するようになったと著者は指摘する。

〝動く閲覧室〟は車中読書ばかりではない。旅先の駅であるいは投宿した旅館に用意された図書コーナーは、無聊をかこつ旅行者の時間をすくい取る社会的な〝読書装置〟として浸透していった（同上、第4章）。鉄路の発展は車中読書と旅先読書という新たな読書習慣を成立させ、それはひるがえって〝旅行活字文化〟という広大な新規市場を開拓していった。今なお続く〝旅行ガイドブック〟が大量に出版されるようになった背景だ。

田山花袋（１８７１〜１９３０）といえば、私小説『蒲団』（１９０７）で当時の社会に大きな衝撃を与えた自然主義派作家というイメージがまずはじめに浮かぶだろう。しかし、少なくとも私にとっての花袋は数多くの温泉紀行・鉄道紀行を書き残した練達の旅行ライターだった。

たとえば、日本の内外の温泉をめぐり歩いた『温泉めぐり』（田山 2007a）では、北は北海道から南は九州、さらに旧日本領だった満州から朝鮮そして台湾まで足を延ばした温泉三昧の日々を花袋は書き綴っている。今でこそ温泉紀行作家は少なくないだろうが、花袋が活躍した大正時代ではこのような〝温泉文学〟はまだ珍しかったのではないだろうか。行った先々での記録を個人的なつぶやきをも交えたゆるめの文体で書かれると、読む側もリラックスできるというものだ。

晩年の花袋は『耶馬溪紀行』（田山・小杉 2018, 初版 1927）なる紀行本も出している。この時の旅路は、花袋らが別府から汽車で大分を北上し、中津の城下町にたどり着いたところから始まる。大分屈指の景勝地・耶馬渓への道すがら、花袋はときどき文句を言ったりぼやいたりしながらも中津から別府までの旅路をゆったりいきいきと描いている。花袋はやはり紀行作家の先駆だと私は思う。

『温泉めぐり』の初版は１９１８年に東京の日本橋にあった博文館から出版された。当時の博文館は国鉄の鉄道時刻表や全国旅行ガイドブックを出す出版社だったようだ。今で言えばＪＴＢのような版元だったのだろう。その『温泉めぐり』に先立つ数年前の１９１４～１９１６年に、同じ博文館から出版された『田山花袋の日本一周』（田山 2007b ［書影3］）をここでは取り上げよう。

これまで国内外の出張や旅行の機会があるたびに、私は心して〝旅の本〟を読むようにしている。せっかくの〝非日常〟なのだから、仕事がらみの本は敬して遠ざけるのが精神衛生上よいにちがいない。旅先で読む本は持参することもあれば、行った先の地元の書店

[書影3]
田山花袋
『田山花袋の日本一周』（全3巻）
（田山2007b）

大正時代に鉄路で日本一周紀行を成し遂げた田山花袋は1914年から1916年にかけて毎年1冊ずつ3年を費やして本書を出版した。前編「東海・近畿」、中編「中国・九州・四国」、そして後編「関東・東北・北海道」を合計すると計2000ページに達する。これはとんでもないボリュームだ。ただし、現代風の旅行情報誌を想像すると大外れする。花袋独特のゆるりとしたスタイルで各地の旅情や風物を私小説風に書き綴っている。また、「本當の『日本一周』でなくつて、私の『日本一周』と云ふことを讀者の念頭に置ひて貰ひたい」と冒頭の凡例に記されているように、日本全土を網羅しているわけではない。たとえば、後編の北海道は道北地方がすかすかの空白の大地になってしまっている。花袋はもっと遠く旧日本領の樺太（サハリン）まで足を延ばしたかったようだが。

で買うこともある。『田山花袋の日本一周』は神田の東京堂書店で見かけた本だった。今ではすっかり見かけなくなった〝函入り〟の3巻本は計2000ページもあって、ずっしり重い。別冊付録として花袋が旅した当時の博文館版『大正四年版「時刻表」』の復刻本も付けられている。1世紀前の時刻表は200ページという薄さだったのか。〝鉄〟分の多い読者ならばきっと目の色が変わるだろう。

私自身はたいした〝鉄〟ではないと自覚している。世に多くいる〝乗り鉄〟とか〝撮り鉄〟ではけっしてない。しかし、振り返ってみれば〝鉄〟な本読みではあったかもしれない。いまや鉄道文学の偉大なる〝先人〟のひとりとみなされている宮脇俊三（1926〜2003）の本は、彼のデビュー作『時刻表2万キロ』（宮脇 1978）、第二作『最長片道切符の旅』（宮脇 1979）、『時刻表昭和史』（宮脇 1980）から始まって、廃線本の嚆矢となった晩年の編著『鉄道廃線跡を歩く（全10巻）』（宮脇 1995〜2003）にいたるまで多くの著書を読了した。宮脇の一世代前にあたる百鬼園こと内田百閒（1889〜1971）の鉄道本『阿房列車（全3巻）』（内田 2003a,b, 2004）もとてもおもしろく読んだ。

鉄道作家としての宮脇と内田を比較評論した酒井順子の『鉄道無常：内田百閒と宮脇俊三を読む』（酒井 2021）には重要な指摘がなされている。

乗っていない路線に乗る経験を積み重ねていくということは、〝経験の収集〟であり、そこに私は男性性を感じずにはいられない。今となっては、完乗を果たしている女性も、完乗を目指す女性もいるけれど、それは男性の拓《ひら》いた道のフォロワーであるケースが多く、こと「収集」の道に関しては、男性に一日の長があるのではないか。

（酒井 2021, p.156）

宮脇がもれ落ちなく国鉄全線完乗を目指したのも、百鬼園先生が列車に女性乗務員が乗り込んでいると機嫌が悪くなったというのも、同じ〝男性性〟に満ちた蒐集欲の発現ではないかと酒井は言う。ジェンダーと蒐集欲との関係はもっと根の深い問題なのだろう。きわめて個人的な判断ではあるが、花袋はあまり〝男性性〟を感じさせない紀行作家だ。

宮脇没後、彼の『最長片道切符の旅』の取材資料が公開された（宮脇 2008, 宮脇俊三取材ノート製作委員会 2013）。時刻表の検討から始まって旅程・道中・宿泊まで日々の綿密な記録があってはじめて書けた本だったことを知る。鉄道本は〝完読〟が難しいと私はときどき感じることがある。というか、全部読んだのかと問い詰められれば口籠るしかない。宮脇の『時刻表2万キロ』『最長片道切符の旅』『時刻表昭和史』はいずれも当時の詳細な鉄道データを駆使した本なので、じっくり読み込むとなかなか先に進めない。行ったことのない地方の乗ったことのない路線だと、ついつい読み飛ばしてしまうこともある。

他方の花袋の大部な『日本一周』にいたっては読み飛ばすどころか、あえて言ってしまえばところどころ〝つまみ読み〟したも同然で、ぜんぜんサンプリングの密度が低すぎる。花袋の場合は、宮脇とは対極的に、読みやすさ重視の旅先印象記のような書きぶりなので、関心のある箇所をぽつぽつと拾い読みするのが適切なのかもしれない。そもそも〝狩り〟に出陣するようなタイプの本ではないのかもしれないが。そんなわけで、まだまだ〝完読〟の日はやってこない。

うろうろ歩いて本を読む歩行読書は私だけのスタイルかもしれないが、鉄道や車まで含めた移動読書はもっと一般的かもしれない。移動読書の目的は旅先での気の置けない〝連れ〟として読み進むことにある。読み終わらなくてもそれはまたよし。次の機会のお楽しみだ。

4・4 【積読】積み上げれば漂う香気

〝積ん読〟という日本語は今や国際的にも認められつつあるらしい（Brooks 2017; Gerken 2018）。ご多分に漏れず、私の書棚にも少なからぬ（＝とても多くの）〝積ん読本〟がひしめいている。目的があってお金を払って本を買ったからにはとにかく読むのが先決だろうという正論はよくわかる。そりゃそうだ。私の中にいる第一人格の〝善良みなか〟は、ある本は片っ端から読み尽くそうというまじめなパーソナリティだ。しかし、私に残された時間を考えたとき、どうあがいてもここにある〝積ん読本〟全部を読むことはもはや不可能だろうという暗澹《あんたん》たる気分に陥ってしまう。有限の人生で読める本はけっして無限ではない。

そのとき、やおら背後の暗がりからむっくり起き上がるのは私の第二人格である〝ワルみなか〟だ。〝ワルみなか〟は「買い蒐めた本を隅から隅まで読むだけが能ではないだろう」と耳元でささやく。確かに、そもそも本を購う目的は〝完読〟することでは必ずしもないかもしれない。ある箇所を参照したいがために、あるいはいずれかの一文を引用するためにその本が必要だったということはよくある。読まなかったその本の他の部分にも重要なことが書かれているかもしれない。しかし、当初の目的は達したのだから、とりあえずは読まなくてもいいことにしようよ、と。

しかし、やっかいなことに、買ったまま一度も読まないままの〝積ん読本〟というのもある。これは困った。一部分だけ読むどころか、何一つ読んでいないのだから、弁解のしようがないではないか――途方に暮れる〝善良みなか〟は頭を抱える。しかし、ここでもまたしたたかなパーソナリティの〝ワルみなか〟がつぶやくのだった――「たとえぜんぜん読まない本でも〝ここにある〟ことに存在意義があるんじゃないのか」。

読んではみたけど途中で放り出した本、ちょっとしか読まなかった本、最初から開きもしなかった本――これらの〝積ん読本〟の山を前にして私たちは他人には言えない〝傷〟を隠しもっているのではないか。〝積ん読本〟の山を見上げてうしろめたく思ってしまうのは、どの本も読了するのが当たり前であるという有無を言わさない読書文化的刷り込みを私たちが幼い頃から受け続けてきたからかもしれない。

ピエール・バイヤールは〝読書〟ならぬ〝非-読書〟の意義を徹底的に分析した名著『読んでいない本について堂々と語る方法』（バイヤール 2008）のなかで、こう書いている。

―しかじかの本を読んでいないとはっきり認めつつ、それでもその本について意見を述べるというこの態度は、広く推奨されてしかるべきである。この態度は、先の例からも分かるように、積極的な意味をもっている。にもかかわらずこれがほとんど実践されないのは、本を読んでいないことを認めることが、われわれの文化においては、重い罪悪感をともなうからである。（バイヤール 2008, p.147）

読まなかったことによる〝罪悪感〟と言われて思い当たる読者は少なくないだろう。私だってそういう〝罪〟の意識が少しもないかと問われれば否定しきれない。しかし、バイヤールはその罪悪感は、単に本を読む読まないの問題ではなく、ひとつの人格を形づくる上での〝教養の有無〟というもっと微妙な（＝触れてはならない）問題と深く絡み合っていると論じる。

教養の領域における知識は、というより知識の欠如は、この内密な世界に属している。われわれは自分の弱点を隠すためにしばしば嘘をつく。〈略〉というのも、この種の秘密は、われわれの教養の欠落部分を他人の目から隠し、他人に——そして同時に自分自身に——どうにかまっとうな自分のイメージを与えるためにわれわれが援用する防御メカニズムに根ざすものだからである。（バイヤール 2008, p.149）

要するに、本を読まないことは個人的な教養のなさを他人に露呈させてしまい、それは本人にとってきわめて〝恥ずかしい〟ことだとバイヤールは指摘する。そこで問われているのは、もはや個人が一読者として本を読むというパーソナルな読書行為の次元ではない。むしろ、読書を通じての個人と他者との関わり合いというより高い次元に踏み入っている。バイヤールはたがいに異なる三つの〈図書館〉の概念を定義する。

〈共有図書館〉――ある本についての会話は、ほとんどの場合、見かけに反して、その本だけについてではなく、もっと広い範囲の一まとまりの本について交わされる。それは、ある時点で、ある文化の方向性を決定づけている一連の重要書の全体である。私はここでそれを〈共有図書館〉と呼びたいと思うが、ほんとうに大事なのはこれである。（バイヤール 2008, pp.25-26）

〈内なる図書館〉――この書物の集合体を、私は〈内なる図書館〉と呼びたい。それは〈共有図書館〉の下位に分類されるべき集合体で、それにもとづいてあらゆる人格が形成されるとともに、書物や他人との関係も規定される。（バイヤール 2008, pp.94-

95)

〈ヴァーチャル図書館〉——〈ヴァーチャル図書館〉は私が本書で導入する〈図書館〉のうちの三つ目のタイプで、書物について口頭ないし文書で他人と語り合う空間である。これは各文化の〈共有図書館〉の可動部分であって、語り合う者それぞれの〈内なる図書館〉が出会う場に位置している。（バイヤール 2008, p.155: 脚註 14）

第一の〈共有図書館〉は、ある分野を構成するのに重要な役割を果たす基本図書の集合体で、多かれ少なかれ客観的に選書されたライブラリーである。第二の〈内なる図書館〉は、読者のパーソナルな読書史を形成した個人的ライブラリーだ。そして、第三の〈ヴァーチャル図書館〉とは自己と他者が読書をめぐって議論をする仮想空間である。この〈ヴァーチャル図書館〉こそ本を読まないことをめぐる虚々実々のバトルが戦わされる戦場となる。バイヤールは「このヴァーチャルな空間は騙し合いのゲームの空間である。その参加者たちは、他人を騙す前に自分自身が錯誤に陥る」（バイヤール 2008,pp.187-188）とまで書いている。

本書では、これまで一貫して、私個人の〈内なる図書館〉の蔵書たちを例として取り上げながら話を進めてきた。パーソナルな読書史を振り返りつつ、私がどのように本とつきあってきたのかを独白するとき、他者とその読書史とは何の関わり合いももっていない。だから、本章の冒頭で述べた〝読む／読まない〟の連続スペクトラムは、あくまでも私個人の基準である。同時に、〝読む／読まない〟と〝わかる／わからない〟との関係もまた私だけの読書空間における私的な判断でしかない。

ところが、本節のテーマである〝積ん読本〟をめぐる心理的な葛藤は、自分の読書空間に他人の読書空間が交わってくることが大きな原因だ。読書空間の交わりは、それと同時に、自己と他者の読書をめぐる理解のちがいや判断の基準をすり合わせるという作業が求められる。これは一筋縄ではすまない。自分と他人が入り交じる〈ヴァーチャル図書館〉では読書にまつわる理解や判断がすべて相対化されるからだ。

バイヤールは「読んでいない本についても語ること」が許されるのはこの〈ヴァーチャル図書館〉においてであると言う（バイヤール 2008, p.156）。なぜならこの〈ヴァーチャル図書館〉には不可侵の〝掟（ルール）〟があるからだ。

この暗黙のルールのひとつに、ある本を読んだことがあると言う人間が本当はそれをどの程度まで読んでいるかを知ろうとしてはならないというルールがある。なぜかというと、ひとつには、言表の真実性に関するあいまいさが維持されなくなると、また出された問いにはっきりと答えなければならなくなると、この空間の内部で生きることはたちまち耐えがたくなるからである。もうひとつは、この空間の内部では、誠実さの概念そのものが疑問に付されるからだ。先に見たように、まず「ある本を読んだ」ということの意味からしてよく分からないのである。（バイヤール 2008, p.156）

私的な〈内なる図書館〉に配架されている本たちは、他者が閲覧できる〈ヴァーチャル図書館〉に置かれたとたん、秘められていたことの〝罪悪〟があらわにされることになる。それは、読まないまま積み重ねてきた〝積ん読本〟の背徳のみにかぎらない。最後まで読了したはずの本であっても、どこまでほんとうに読んだかが、そして読解の程度が問われかねない事態に立ち至る。読書に関する〝マイルール〟が他者に通用する保証はどこにもない。

わが居室に積み上げられている〝積ん読本〟の中でも最近の別格本は、高名な地質学者にして科学史研究者のマーティン・J・S・ラドウィック（Martin J.S. Rudwick: 1932-）が書いた『デヴォン紀大論争：ジェントルマン的専門家間での科学知識の形成』（ラドウィック 2021［書影4］）だ。総計850ページで税込価格が約2万円という、とんでもない（し

［書影4］
マーティン・J・S・ラドウィック
『デヴォン紀大論争』
（ラドウィック2021）

「厚い・重い・高い」という三拍子そろった本はいろいろな出版社から出ている。しかし、さらに「白い」という条件を上乗せすると、まずまちがいなくみすず書房に絞りこまれる。最近は例外もちらほら見かけるが、みすず書房は今でも“白い本”を出す版元というイメージが私には深く刷り込まれている。その意味では、この大著『デヴォン紀大論争』はすべての点でまことに“みすずらしい”本だ。計850ページという尋常ならざる厚さといい、税込でほぼ20,000円というぶっとんだ高価格設定といい、私でさえ「いったいどこの誰がこんな本を買うのか」といぶかったほどだった。1985年に出た原書（Rudwick 1985）はすでに手元にあったので内容はだいたい知っていたのだが、やはり翻訳書が出れば気にならないわけがない。結果的には私は財布をはたいてまでこの訳本を買う“犠牲者”のひとりになってしまった。書棚の目につくところに鎮座してはいるのだが、今のところはまったく読み始めてもいない映えある“積ん読本”の一冊となっている。さて、いったいいつになったらこの“電話帳”を私は読み始めることになるのだろうか。

かし、いかにもみすず書房らしい）学術書である。19世紀前半のイギリス地質学界で長年にわたって戦わされた「デヴォン紀論争」——イングランド南西部のデヴォン地方における地層形成をめぐって始まった論争——を詳述した本書は、当時の地質学コミュニティーとそれを構成した研究者ネットワークを刊行物や内部資料・書簡などを用いて驚異的なくわしさで復元し、この論争の1世紀半に及ぶ進展を経時的な高精細分析を達成した記念碑的著作だ。

私はすでに1985年に出た原書（Rudwick 1985）を手元にもっていた（大判ではあったがハードカバー版でもそれほど高くはなかった）。20世紀なかばから現在にいたる生物体系学の歴史に関心のあったそのころの私にとって、ラドウィックの本書と科学哲学者ディヴィッド・ハル（David L. Hull: 1935 - 2010）の『Science as a Process: An Evolutionary Account of the Social and Conceptual Development of Science（過程としての科学：科学の社会的および概念的発展の進化的説明）』（Hull 1988）は進めるべき研究の道標となる重要な文献だった。のちに書くことになる私の本『系統体系学の世界：生物学の哲学とたどった道のり』（三中 2018a）では、生物体系学における論争史を〝ヴィジュアル〟にたどる工夫をしたが、それはラドウィックやハルの先駆的著作があったからこそ可能だった。

『系統体系学の世界』とほぼ同時に刊行された私のもう一冊の本『統計思考の世界：曼荼

羅で読み解くデータ解析の基礎』（三中 2018b）では、統計学の世界全体をやはり〝ヴィジュアル〟に図示した「統計曼荼羅」という手書き図が出発点となっている。可視化の効用について私は次のように書いた。

いまもチベットに残るタントラの教えでは，本来の曼荼羅は彩色した砂で描かれ，タントラ修法の終了とともにその曼荼羅は壊されるべきものなのだそうです．私の「統計曼荼羅」もまた同じ運命をたどるべきであると考えます．それは，私自身，この「統計曼荼羅」を改良していく意志を私がもっているという意味です．しかし，できることなら，読者のみなさんが自分だけの〝統計曼荼羅〟を描くのが修行の上ではベストだろうと思います．（三中 2018b, p.11）

研究者コミュニティーの動態と科学論争史を図像として〝可視化〟することは、そのコミュニティーの知的（そして人的）なネットワークの鳥瞰図を読者に提示する。このことは、科学という営為の時空的な広がりとダイナミクスを一目瞭然に明らかにする。ラドウィックは、19世紀前半の地質学におけるさまざまな概念や理論がどのようなネットワークを通じてコミュニティーの中でどのように媒介され伝搬していったかをたどった。さらに、コミュニティー内の人的ネットワークを各世代で支えた同僚、師弟、そして敵対者の存在が科学的議論のスレッドを説明する要因としてきわめて重要だったことは彼の著作からはっきり読み取れる。

原書がすでに手元にあるなら、わざわざ訳本を買わなくてもよかったのではないかという声は当然あるだろう。私も心のどこかではそう思ってはいるのかもしれない。原書があればどんな内容の本かは当然すべてわかる。その訳本を買ったとしても、そのまま手つかずの〝積ん読本〟になってしまうリスクは、原書が手元にない場合と比較すれば、格段に高くなってしまうのではないか。確かに、それは「あるある」だ。

しかし、同時に、原書があれば訳書は不要だろうという意見に対しては、声を大にして「否」と言いたい。過去に何冊も翻訳書を出している立場からのポジション・トークではない。私の過去の読書体験によれば、翻訳書は原書よりも読者層が広いので影響力は広範に及ぶ。その分野に通じた練達の翻訳者の手にかかれば、訳文が読みやすいのはもちろんのこと、原書のまちがいの訂正やていねいな訳注の付記、そして解説記事など付加価値はとても高い。とんでもない仕上がりの翻訳書も残念ながらなきにしもあらずだが、ほとんどすべての翻訳書は信頼できる品質で出版されている。読まない理由はない。

私は何語であっても原書と訳書は両方ともそろえるように心がけている。通読するのであればもちろん訳書が読みやすいのは言うまでもない。詳細な訳註が付けられていれば言うことなしだ。一方で、海外の文献に引用される場合は、原書がないと参照に困ることもある。実際は原書と訳書のどちらか一方は〝積ん読本〟になることが多い。しかし、積み重ねられたそれらの本を〝役立たず〟と言うなかれ。何年後か何十年後のことかはわからないが、いつの日にか〝積ん読本〟は召喚されてお役を果たすことになるかもしれない。そのときのために書棚の片隅で静かに時を刻むのが〝積ん読本〟の大事なお務めである。
私の場合、仕事として本を読み、資料として本を蒐めるのがすでに習い性となっている。いまは必要でなくても、きっとそのうち必要になるはずの本は、前もってその所在を確かめるか、できれば手元に置くようにする。それは私にとっては一種の〝修養〟といえる。だから、ある本が急に必要になったとき、あわてて図書室の書庫を駆けずり回ったりオンライン書店をじたばた検索するようなことは、日頃の修養の足りなさが露呈するとてもみっともないことと言うしかない。そんな人目を憚ることをするまでもなく、私の書棚で長い間ずっと開かれなかったその〝積ん読本〟をおもむろに手に取って、そっとつぶやく
——「持っててよかった」。

4・5【未読】未来の境界知に触れる

　さて、長々と書き連ねてきた本書もいよいよ最後の節となった。ここまでは私が実践してきた読書のさまざまなスタイルについて実際の本の例を挙げながら説明してきた。第１章の総論で書いたように、私にとっての読書は第一義的に〝狩り〟を目的としているので、本に書かれている内容を自分なりに〝サンプリング〟するための姿勢と技法を身につけ、さらにその本が全体として描き出すものを推論（アブダクション）するトレーニングを積んできた。その総論に続く第２章と第３章では、各論として読書の目的と本のタイプ別に私の〝狩り〟のノウハウを説明した。

　そして、この第４章では、〝読む〟だけではなく、〝読まない〟ことも読書であるといういささかへそまがりな論を展開してきた。読み手の目的によっては、全部を読み終わらなかったり、まったく読まずに積み上げることも許されてしかるべきだろうと私は考えている。いつかどこかで読むかもしれない本をせっせと蒐集するというのはあくせくしない人生の幸せではないだろうか。世ずれした損得を抜きにして愛《め》でることができる本があったっていいじゃないか。

本を手にする誰もが感じることだろうが、世の中には一方には〝読み心地のいい本〟もあるが、他方には〝読み心地のよくない本〟もある。読み手にとってお気に入りの作家の新刊やよく知っているホームグラウンドの本であればきっと読み心地がいいだろう。逆に、聞いたこともない著者のアウェイな分野の本はたとえ読み始めてもきっと〝違和感〟が強まってきて読み心地はいまひとつかもしれない。そういう本は最初から手に取らない可能性も高いだろう。それは良い悪いの問題ではなく、ごくふつうにありえることだ。

もちろん、かく言う私だって〝読み心地のいい本〟もあれば〝読み心地のよくない本〟もある。しかし、〝読み心地〟のよしあしは、えてして読み手が線引きした、実体のない〝境界線〟による錯覚かもしれない。その境界線の内側にある本は〝読み心地がよく〟、その外側にある本は〝読み心地が悪い〟という先入観（偏見）を読者は勝手に抱いているだけではないだろうか。

錯覚や先入観は意識してなくそうと思ってなくせるわけではない。読み心地のよしあしもなくそうとしてなくせるものではない。むしろ、自分にとって〝読み心地が悪い〟本への素朴な好奇心を私は大切にしたい。〝読み心地が悪い〟イコール〝読まなくてもいい〟というのでは自分で勝手に引いた〝境界線〟の内側に自分を閉じ込めるようなものではないか。

私のつい最近の読書体験が参考になるかもしれない。植木朝子の近著『虫たちの日本中世史：「梁塵秘抄」からの風景』（植木 2021）は、著者が専門とする平安時代の文学と歌謡に登場する昆虫類（チョウ、ホタル、トンボ、カマキリ、コオロギ、シラミ、クモなどなど）などを通じて中世の人々の生活と昆虫との関わりを論じたとてもめずらしい視点の日本史の本だ。

平安時代末期に著された『梁塵秘抄』は当時の流行歌「今様（歌謡）」の作品集だ。私はメインタイトルに惹かれて本書を手にはしたものの、サブタイトルの『梁塵秘抄』についてはほぼ何も知らなかったし、著者が専門とする12世紀当時の歌謡文化はまったくの未知の世界だった。しかし、平安時代の昔にいきいきと歌い踊る虫たちの姿が描かれていたという本書は、ジャンル的には確かに日本史の本なのだろうが、その内容はむしろ〝民俗昆虫学〟とみなされるべきだろう。勝手に平安文学本だからと遠ざけていたならば、本書のおもしろさをうっかり見逃してしまったかもしれない。

人間と昆虫との関係について著者は序章でこう言う。

虫は気持ち悪い、苦手だという声がある一方で、たくさんの人が虫に惹かれるのはなぜなのだろうか。（植木 2021, p.1）

著者はこの一見矛盾する虫との関係が歴史的に見てどのように成立したのかのルーツを平安時代の文化に探ろうとした。興味深いことに昆虫に対する好悪の感情が現代とは正反対である事例がある。たとえば、チョウについて著者は次のように指摘する。

花園に飛び交う蝶は、現代人の感覚からすれば、美しく優雅であって、賞美の対象としてなんら違和感のないものと思われるが、『万葉集』には蝶は詠まれず、中古・中世の和歌においても、生物としての蝶が正面から取り上げられ、愛でられることはほとんどなかった。(植木 2021, p.146)

現代とはまったく逆の受け取られ方をされた理由として、著者はチョウのもつはかなさのイメージは死を連想させる不吉さを帯びていたからと言う(同, p.157)。

一方、〝凶兆〟としてのチョウとは対極的だったのがクモである。ギリシャ神話のアラクネはアテナに罰せられてクモの形に変えられたため、西洋文化ではクモは負の印象を帯びている。西洋だけではなく現代の日本でも、クモが家の中で垂れ下がってくれば悲鳴が上がる状況は日常だ。ところが、平安時代にあってはクモはむしろ〝吉兆〟とみなされていたようだ。

軒や天井から垂れ下がってくること、人の衣に取りつくこと、巣を張ることなどの蜘蛛の動きが、待人の来る前兆として喜ばれたのであった。（植木 2021, pp.214-215）

昆虫のもつイメージが時代によってこれほど変転することを私は本書で初めて知った。本書の中世文芸史研究から開ける視界は昆虫民俗学そのものだ。益虫・害虫という実利的な対置を超えるもっと近距離の存在感を平安時代の日常生活の中に見ることができる。歴史をたどれば、昆虫類がどのような存在としてわれわれ人間に扱われてきたかがわかるというのは意外や意外と言うしかない。

このように、アウェイな本が意外にもホームグラウンドに直結する読書経験をしてみると、パーソナルな〝読み心地〟のよしあしに囚われているかぎり〝境界線〟の向こうがあることは気がつかない。もちろん、向こう側が見えなくても自分の〝心地よさ〟は変わりない。内側にのうのうと居続ければこんな楽なことはないだろう。しかし、そういう怠慢な食わず嫌いの報いはけっきょく自分の身に返ってくることになる。たとえ結果は徒労になるとしても、あえて外に踏み出す覚悟があるかが問題だ。

私の居室には〝境界線〟から遠く離れた未読本が累々と積み重なっている。畑違いの本でもついつい蒐めてしまうのは長年の悪い癖だ。ここでは、その中から山口昌男監修〈知の自由人叢書〉を取り上げよう（［書影5］）。本叢書は2005〜2007年にかけて出版された全5冊（坪井2005, 斎藤2006, 市島2006, 沼波2006, スタール2007）からなる。著名な文化人類学者だった山口は、今は忘れられた過去の知識人——彼は〝知の自由人〟と名づける——たちが残した著作を本叢書で復刻した。いずれも函入り上製本の堅牢な装幀、本体価格8000円〜1万2000円という設定は最初から読者を選んでいる。

監修した山口が〝知の越境〟を愉しんだように、本叢書の著者たちは自らの知の世界を縦横無尽に広げていく。たとえば、弥生式土器の発見命名者である坪井正五郎（1863〜1913）は東京大学理学部に人類学科を創設した人類学者ではあったが、第1回配本の『うしのよだれ』（坪井2005）に所収されている文章は軽妙なエッセイの集積である。また、彼が実施した現代風俗研究の数々はのちの「考現学」にも通じる。第2回配本の斎藤昌三『少雨荘書物随筆』（斎藤2006）は、稀代の蒐書家にして装幀家だった著者が書物論に本領を発揮する。第3回配本の市島春城『春城師友録』（市島2006）と続く第4回配本の沼波瓊音『意匠ひろひ』（沼波2006）はどちらも随筆集であり交友録でもあるが、そ

［書影5］
山口昌男監修 〈知の自由人叢書〉 （2005〜2007）

文化人類学者・山口昌男（1931〜2013）が監修し、国書刊行会から出版された〈知の自由人叢書〉既刊5冊は一風どころかとんでもなく変わったセレクションの復刻本が揃っていて、私は新刊が出るたびに一冊ずつ買い求めた。この叢書の内容は以下の通り（刊行順）：日本最初の人類学者・坪井正五郎のエッセイ集『うしのよだれ』（坪井2005）、書物装幀家・斎藤昌三の書物論『少雨荘書物随筆』（斎藤2006）、早稲田大学初代図書館長・市島春城の人物交友録『春城師友録』（市島2006）、国文学者にして俳人・沼波瓊音の随筆集『意匠ひろひ』（沼波2006）、そしてアメリカから来日し日本全国の社寺の御札を蒐集したフレデリック・スタールの『お札行脚』（スタール2007）。いずれも1世紀近く前に名をなしたが現在では忘れられている“知の自由人”たちの稀覯本がみごとな函入り装幀本でよみがえった。とても高価ではあるがこういう書物を手にできるのは幸せの限りだ。しかし、私が知るかぎり、巷間ではあまり大きな話題になることもなく、叢書自体もこれら5冊を刊行しただけでいつの間にか幕を下ろしてしまった感がある。こういう本たちとの出会いこそ一期一会と言うべきだ。どれもまだ買ったままでまったく開いてもいない新品同様の本たちだが、いつか読めることを楽しみにしている。

の他の巻も含めて著者どうしの横のつながりもある。この叢書そのものがある種の〝知のネットワーク〟を形成しているように見える。

私は坪井正五郎と斎藤昌三の名前は知っていたが、それ以外の3人はまったく知らなかった。それにもかかわらず、財布をはたいて全巻を買い揃えてしまったのだが、何かしらの目算があったのかと問われれば、それはまったくないと答えるしかない。叢書は〝コンプリート〟に揃えないと気がすまないというコレクター的心理はないといえばうそになる。それよりも何よりも、海の物とも山の物ともつかぬ本にいったい何が書かれているのか知りたいという根拠のない好奇心が湧き上がる。しかし、〝境界線〟の向こう側の本を読むということは勝算のない賭けに出るという要素が多分にあるだろう。この二律背反をいったいどうすればいいのか。

瀬名秀明・橋本敬・梅田聡『境界知のダイナミズム』（瀬名他2006）はこの迷いから抜け出る道を指し示しているかもしれない。瀬名は、序章の「〈境界知〉を見出すまで」で、〝日常〟に対する〝違和〟について、次のように対比している。


――日常と違和を隔てる境界は、自覚的に線引きできる場合もあるだろうが、〈略〉ももやもやとしてうまく規定できない場合も多いに違いない。しかし不思議だ。なぜ私たちは規定できないのだろうか。おそらく「違和」を感じるには私たちの中に日常という〈常識〉の感覚が前提として必要であり、その〈常識〉の範囲をきっちりと自覚できないことが多いからだろう。だからこそ「違和」は身を預け切っていた日常の中に不意に現れる。（瀬名他 2006, p.7）

少なくとも私の場合は、本を読んでいるときに、それまでわからなかった〝内側〟と〝外側〟の〝境界線〟を超えたことに気づく経験はよくある。よく知っている〝内側〟とよくは知らない〝外側〟の境界は自分の足で超えてみなければいつまで経っても自覚できない。見えなかったその境界線をまたぐときの違和感は別世界への入り口だ。境界線を超えるとき居心地の悪い〝違和〟のもつポジティヴな意義について、瀬名は言う。

このような「違和」を感じ、そこに何かを見出そうとする私たちの「知」のあり方を、境界の知、すなわち〈境界知〉と呼ぼう。違和感を持つこと、それ自身を人間のひとつの能力だと捉えてみるのである。安寧な〈常識〉に浸かっている私たちが、ふとしたときに気づいてしまう違和感。それは私たちの心の中に、それまで見えなかった境界（intangible な境界）を浮かび上がらせ、私たちに新たな世界観を提示する。インタンジブルとは、触れることのできない、実体のない、つかみどころがなく不可解な、といった意味だが、まさに私たちはその触れることのできない境界をtangible（実体的、感知できる）なものとして見出してしまうのである。見えない境界を見出すこと、居心地の悪さを持てること、それが私たちの〈境界知〉の源泉なのである。

（瀬名他2006, pp.12-13）

ここでは、踏み越えた〝外側〟を自分が愉しむことができるかどうかが大きな分かれ目になる。見知らぬ土地を迷いながらもうろうろすることが好きならば、思わぬ発見をすることができる可能性がある。〝外側〟でふと出会った光景が〝内側〟の記憶を思い起こさせるならば、それは生産的な意味での「学際的知識」が誕生する瞬間かもしれない。瀬名の言う〈境界知〉がそのようなものを指しているのだとすると、〝境界線〟を縦横にまたいだ読書は〈境界知〉と出会うまたとない場を提供しているのではないだろうか。

〈知の自由人叢書〉の中でことのほかテクストの分量が多いのは、最終巻である第5回配本のフレデリック・スタールの『お札行脚』（スタール2007）だ。上下2段700ページにわたってびっしりと組版された本文は、神社仏閣の御札を求めて大正時代の日本全国を行脚したシカゴ大学の人類学者〝寿多有〟博士の旅日記である。4・3節で挙げた田山花袋『田山花袋の日本一周』（田山2007）と年代的にほぼ重なる紀行本だ。私は日記ものはきらいではないのだが、さすがにこの大冊を一気に読み通す持久力は残念ながらない。この叢書の他の巻も含めてどれもこれも未読本ばかりだが、いつかそのうち読みたいと願っている。

「未読本」のレッテルを貼られた本は買ったまままだ読まれずに無為な年月を経てしまった不遇の身の上をかこつ本たちではけっしてない。それらはいつかの未来に読むための本である。だから、それまでは書棚に大事に安置しておくのがせめてものの礼儀というものだ。

エピローグ――一期一会の読書人生

世の中の本のほとんどすべては、読者の知らないうちに出版され、知らないうちに出回って、知らないうちに本の海の中に消え去っていく。毎年7万冊もの新刊が出版される現在、読者がある本を実際に手に取る確率はかぎりなく小さくなっていく。その確率の試練――まさに「一期一会」と言うしかない――を乗り越えて私たちのもとにやってきた本をどのように読めばいいのかについて、私は本書で書き綴ってきた。

読み手である私たちは、八方手を尽くして、自分が読みたい本を探書しようとする。出版前から前もって目星をつけていた本や世間の耳目を集めている本ならば見落とす心配はきっとないだろう。しかし、それ以外の本はたまたま自分のもとにやってきた〝幸運〟な本であるにちがいない。いま読んでいる本は、一つ間違えれば、まったく知らないままだったかもしれない。

本との偶然の出会いは思いがけないところで不意に立ち現れる。私にとって、西野嘉章『装釘考』（西野 2000）はそんな一冊だった（［**書影1**］）。明治以降の書物の装幀の変遷をたどる本書は、それ自体がとびきり凝った造本である。旧字体で組まれた二色刷り活版印刷、本文はあえて上質紙とはほど遠いザラ紙を用いたことで、上質紙の挿入カラー図版との鮮やかな対比が天・地・小口から見ると鮮烈な意匠となっていることなど、日常的に手にするほとんどの本とは明瞭に一線を画する質感が味わえる。

明治以降の日本の装幀文化は、和書と洋書が混在する中で、新しい技法を次々に創造した。本書は近代日本の装幀の歴史をたどった本だ。取り上げられている数々のエピソードとさまざまな装幀の実例は幅広い。今和次郎とともに〝考現学〟を生みだした吉田謙吉が、

［書影1］

西野嘉章
『装釘考』の外函と本体
（西野2000）

物理的実体としての"本"の存在感を心ゆくまで味わうことができるめずらしい本。5,800円という本体価格を考えれば明らかに一般向けの本ではない。しかし、本書にたまたま出会えたことは私にとっては幸せな読書体験となった。紀田順一郎は平凡社ライブラリー版の巻末解説で、本書の装幀は「世のいわゆる豪華本や限定本とは距離を置いた、知的な離れ業的特製本という、本を知り尽くした著者ならではの造本だったのである」（紀田2011, pp.265-266）と書いている。

装幀家として活躍していたこともあるとは意外だった。そして、第二次世界大戦前に出されていたプロレタリア文学書の装幀の何と斬新なことか。

欲を言えば、カラー図版に掲載された本の本文のどこで解説されているかの参照づけがほしいところだ。しかし、そういうお手軽な〝効率化〟は本書にはそぐわないかもしれない。本書の本文テクストと図版パラテクストとは関連しながらも、たがいに別個の存在として読むのもまた愉しみの一つだろう。通りいっぺんの流し読みではなく、進んではまた戻り、ときに立ち止まりながら、繰り返しページをめくることを見越してつくられた本ではないだろうか。

後年、2007年の師走のことだったが、本郷の東京大学総合研究博物館で開催されたあるクローズドなセミナーに講演に出向いた際、西野さんから直接うかがった話によると、この玄風舎という出版社は『装釘考』を出すために立ち上げた出版社とのことだった。著者の「平凡社ライブラリー版 あとがき」によると、「A5版上製本カバー付貼り函入りで出版された元本は、刷り部数が少なかったことに加え、活版刷りの珍しさも手伝って、すぐに品切れとなった」(西野嘉章 2011, p.263)そうである。私はたまたま運よくこの本にめぐり会えたが、本書はほどなく絶版となってしまい、玄風舎もなくなってしまった。いつまでもあると思うな本と版元。

玄風舎版の旧『装釘考』と平凡社ライブラリー版の新『装釘考』は別々の「本」だと考えた方がいいだろう。なぜなら、物理的な〝モノ〟としての本のちがいをまざまざと見せつけるからだ。文字テクストや図版パラテクストの〝情報〟だけが本をかたちづくっているわけではない。旧『装釘考』と新『新版 装釘考』とを実際に手にすれば、誰もがその事実に気がつくにちがいない。あえて言うならば、新旧両版を手にすることにより、初めて本書の〝読書〟は完結することになるだろう。この著者はその後も本の存在意義を読者に問いかける本を出し続けている（たとえば、西野 2009）。

私が『装釘考』をたまたま見つけたのは京王相模原線・南大沢駅前の某書店だった。2001年2月、東京都立大学での生物統計学の集中講義に行ったときたまたま立ち寄ったら棚にいた。この本の方から声が掛からなければ、気がつかないまま通り過ぎていたかもしれない。私にしてはかなり高い本だったが、本から呼ばれたからにはレジにお連れするのが礼儀というものだ。南大沢で交差しなければ二度と接点はなかっただろう。一期一会の本は迷わず買うべし。

＊

私はこれまでたくさんの人生を生きてきたので、「本の人生」はそのなかの大きな一部分にすぎない。本書の姉妹本である『読む・打つ・書く』（三中 2021）を出版したことを知った知人が、冗談まじりに「『飲む・打つ・買う』なんていう〝ヤクザな本〟をよく東京大学出版会が出してくれたものだ」と言うので、「次の本は『呑む・喰う・寝る』にしようかな。どこの出版社が引き受けてくれるかわからないけど」となかば笑いながら答えた。私にとって、本を読んだり書評を打ったり自著を書くことは、確かに日々の生活の大きな部分を占めている。しかしそれだけの人生ではない。誰の人生にも〝本〟と〝本以外〟がさまざまな割合で混じり合っているはずだ。私もその例外ではない。

プロローグでお目見えした中国文学者・青木正兒にここでもう一度ご登壇願おう。第二次世界大戦敗戦後の生活がまだ不自由な時代に、彼は自分の還暦の記念として『華國風味』（青木 1949）なる一書を出した（［書影2］）。中国の食文化を論じたこの本のいたるところに、著者の酒食へのなみなみならぬこだわりが見え隠れする。所収されている「花彫」というエッセイでは、紹興酒のふるさとである中国杭州の紹興に行く機会があった著者が、彼の地で最上等の紹興酒を探し求める苦労話が綴られている。さすがは自らを〝老饕《ろうとう》〟――食い意地の張った老人――と自称する青木だけのことはある。

実は私も15年前の２００６年初秋に、とある仕事でその紹興に行く機会があった。仕事をすませたのち、江南地方特有の網目のような運河が広がるオールドタウンに向かった。水路や運河がそこかしこに張り巡らされている風景は、オランダの干拓地ポルダー（polder）

[書影2]
青木正兒
『華國風味』
(青木1949)

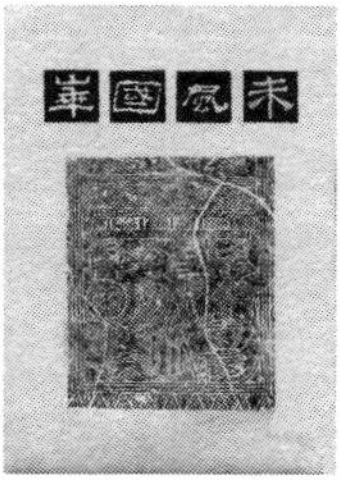

餅・団子・饂飩など日本の食生活に深く入り込んでいる食べ物や食文化の中国でのルーツをたどる本。「饂飩の歴史」という章では、餅の系譜から派生した饂飩の来歴を披露した上で、著者はこう述べる。「凡て物事は發達するに從て種々の分科を生じ、其等が次々に分離獨立して繁榮してゆくが、餅に於ても亦此現象を觀たのである」(p.83)。中国側の錯綜した系譜を著者ならではの深い教養と典拠をひもとくことで、食べ物と食文化の系統発生に光を当てようとする。また、「用匙喫飯考」では、中国における匙と箸のルーツをたどり、「末茶源流」では、本家の中国で廃れてしまった抹茶の淹れ方が日本ではいまも残存していると論じる。『華國風味』というさりげないタイトルからは想像できないほど、呑み喰いの深奥を覗きこむような内容だ。さらに、巻末に「附録」として付けられた「陶然亭」と「花甲壽菜單」のふたつのエッセイは、当時のきびしい食糧事情を考えあわせるならば"ユートピア"に思いを馳せる佳作となっている。

に似た光景だが、あちらはすべて人造、こちらは天然というちがいがある。紹興の古い街並みは家々の屋根瓦の独特の積み方が印象的だった。

その一角にある〈建華酒府〉という料理店で、真っ昼間から今年仕込んだばかりの紹興酒の新酒を鯨飲することになった。常温でコップになみなみと注がれては飲み干すという中国的な宴席風習が何度も繰り返される。燗にするわけでもなく刻みショウガや氷砂糖や梅干しを入れるわけでもない、ごくストレートな飲み方だ。青木が言うように、数十年じっくり熟成させた「花彫」の紹興酒のうまさは言うまでもない。また、青木が訳した中華料理全書『随園食単』（袁枚 1980）には「紹興酒で五年過ぎないのは飲めない」（p.242）と書かれている。しかし、やや歪んだガラスボトルに詰められた紹興酒のアール・ヌーヴォーは私にはとても美味だった。

酒には肴が欠かせない。江南地方の郷土料理は、中国北部のように油っぽくもなく、南部のように辛過ぎもしない。とりわけ前菜に出てきた壺入りの鶏肉が絶品だった。店員の話では、紹興酒の樽で鶏肉を酒粕に漬けてつくるそうだ。骨ごとぶつ切りにして漬け込んだものだが、それをしゃぶるように食べる。発酵食品特有の強烈な匂いがして、初めての外国人はほとんど手をつけないらしいが、それをばくばく食べた私は類まれな例外とのお墨付きを得た。これはうますぎる。酒と肴の〝共進化〟は万国共通だ。

『華國風味』の中でもことのほか心に染み入る一編は巻末に「附録」として載せられた「陶然亭」なるエッセイだ。元は敗戦の翌年から翌々年にかけて書かれたこの一編は、京都は高台寺近くでひっそりと店を開く「陶然亭」という酒房とその「酒肴目録（酒食メニュー）」を書き綴る。

——讀者諸君の中には、あの家を御存じの方も少なくなからう。いや、私などよりもずつと馴染の深い、御贔屓の顧客もお有りのことと思ふ。（青木 1949, p.192）

という冒頭の書き出しを読めば、誰もが東山の麓に実在する呑み屋と勘違いするだろう。しかし、この「陶然亭」は著者が創り出した架空の店だ。架空の居酒屋をこの上もなくリアルに描いた「陶然亭」の実に10ページにも及ぶ酒肴目録は隅から隅まで隙がない。戦中戦後にかけて、巷では食うや食わずの生活が続いていた時期に、実生活の窮乏とは裏腹に、中国の豊かな食文化とその歴史をいつも考え続けた著者はけた違いの食いしんぼうかはたまた呑んべえか。かの酒守護神・坂口謹一郎が一目置いたのも当然のことだろう。

戦時中であってもあれほど飲んべえで食いしんぼうの喜劇役者・古川ロッパや東京大空襲を生き延びた百鬼園こと内田百閒は、敗戦直後は酒も肴もろくなものが手に入らないとぼやいていた（古川1988; 内田1955,1982）。同時代の青木も例外ではなかった。敗戦直後の食糧物資が窮乏したその時代に、あえて酒と肴の〝極楽〟を書き綴る著者の心情を慮るとき、末尾の文「空樽を抱いて陶然の舊夢を尋ぬる者、獨り吾輩のみではあるまい」（青木1949, p.231）にこめられた願いは読者にきっと伝わるだろう。本を読むことは過ぎてしまった時代を追体験することでもある。

*

加藤政洋の『酒場の京都学』（加藤2020）を書評したことがある（三中2020）。京都という昔から人の出入りが多かった土地に大衆酒場がどのように成立し変遷していったかを明治時代からの歴史資料と実地調査をふまえて論じた本だ。私はその書評の冒頭にこう書いた。

> 評者が大学の学部生だったころ、父親に初めて連れられて夜の京都市内に飲みに行ったことがある。河原町通の繁華街から一筋中に入れば、仄《ほの》暗く人気のない裏寺町通が南北に延びている。通りに面した暖簾《のれん》をくぐると、店内には年季の入ったコの字形のカウンター席が客を待っていた。店主と挨拶を交わす父はどうやらこの店の常連だったようだ。それから長い年月が過ぎ、すでに父も亡くなったいま、あの店はいった

いどこだったのか、のちに裏寺町をたどる機会があっても皆目見当がつかない。門口に〝手軽一杯〟とか〝深酒御免〟という木札が下がっていたのかどうかもさだかではない。京都の街の薄暗がりは現実と幻影がもつれ合う。（三中 2020）

幸いにして読売新聞文化部の担当者にも勘づかれず、読売新聞の購読者たちにも気づかれなかったようだが、上記の文章は「陶然亭」になぞらえて私のかつての記憶を記した文だ。評者にしかわからない〝伏線〟なんぞを仕込んだところで何の益にもならないではないかと言われそうだが、いやいや、こういう〝遊び〟をときどきやらかさないと世の中窮屈すぎるだろう。

本を読めば書評を打つのは私の昔からの習慣だが、書評は単に本の内容を客観的にまとめるだけでは物足りない。せっかく評者が時間をかけて読書したのだから、評者ならではの〝偏光板〟を通して、この本はこうも読めるよという視点を提示できれば言うことなしだ。『酒場の京都学』ははからずも青木正兒があこがれた〝のんべえ桃源郷〟と忘れかけていた私の記憶とを結びつけてくれた。仕事として本を読むことの予期しない役得と心得てありがたく頂戴することにした。読書と人生は奥深くつながっている。

青木は、酒と肴を縦横無尽に語り尽くしたエッセイ集『酒中趣』（［書影3］）の序で自ら

［書影3］
青木正兒
『酒中趣』
（青木1962）

書名の「酒中趣」とはどうやら正真正銘の酔っ払いでなければ会得できない“奥義”のようなものらしい。本書はこの重篤な病である「瓶盞《へいさん》病《びょう》」の系譜を探るため、中国文化の奥深くに分け入っていく。白楽天の漢詩「橋亭卯飲」の一節が引用されている。「生計悠悠身兀兀／甘従妻喚作劉伶」。青木先生の訳によれば「暮しはのんびり身はぐでんぐでん／細君に呑助殿と呼ばれても一向平気」という意味らしい。とてもいい人生ですなあ。かくありたいものだなあ。とりわけ、第3部「酒顚」（pp.195-287）に列挙されている大酒飲みたちの武勇伝——「中華歴代飲酒家の趣味深き逸話を集録したもの」（p.197）——は一読の価値あり。

の「呑む・喰う・寝る」についてこう語っている。

酒は　もとより吾が性の愛するところ、酒を飲み、酒の書を著すことは、樂しみ中の樂しみである。醉叟　近頃の日課は、晩酌して早く床に入り、ラヂオを聴きつつ眠る。二時か三時頃に目が覚める。静かに書齋に坐して物を書く。ほつこりすると、煙草代りに瓢簞の酒を二杯か三杯飲む。飲み過ぎて睡くなると、復た床に入ることも有る。朝飯前に又冷酒を小さいコップに少量飲むと、食慾を増進する。食後横になつてラヂオを聽く。とろとろと　まどろむことも有る。起きて早朝執筆した草稿を淸書することも有り、讀書することも有る。午後は舌耕に出かけることも有るが、人を訪問することは殆ど無く、散歩することも少い。かうして出來たのが此の本である。（青木 1962, pp.2-3）

みごと、実にみごとな生きざまだ。長年にわたって、一方ではさんざん本を読み散らし、他方では書評をあちこちで打ちまくり、本を方々で書き散らしてきた不肖私めも、悔い改めて性根を入れ替えるなら、〝酔叟先生〟のような静謐な読書余生を送ることができるのだろうか。

謝辞

人生の要所要所での本との出会いはその人の読書経験を形成していく。しかし、本を読む機会はあらかじめ決まっているわけではない。本書で述べてきたように、本との偶然の出会いは本人が予期しない痕跡を個人の読書史にしっかりと刻みつけていく。自分で決めた本だけを読むというのは確かに効率的かもしれないが、読書体験を積む上ではいささか冒険的要素に欠けるだろう。いずれにしても、個人の読書の経歴は偶然と必然の産物だ。

本を書く機会もまたある日突然向こうからやってくる。私の本務はある農林水産省系研究機関の研究員なので、プロの作家ではない。それでも、同僚の研究員たちに比べれば桁違いに多くの本を上梓してきた。本書の姉妹本である東京大学出版会の『読む・打つ・書く』（三中 2021）にくわしく書いたように、私の場合、出版社から依頼を受けて単著の本を書くことがほとんどだ。ただし、本を書くのに割ける時間が必ずしも自由にはならないので（私は自由人だが）、同時並行で複数の本を書くことはできない。

今回たまたま運がよかったのは、前著『読む・打つ・書く』の原稿を2020年末に脱稿し、初校ゲラの到着を待っていた2021年の年始めに河出書房新社から河出新書執筆のオファーが届くという絶妙なタイミングだった。河出新書の編集部から執筆打診があったのは1月10日で、間髪を容れず1月14日には目次案を返信した。こういうことは時期を逸してはならない。出版企画も何も認可されていなかった時点で、私はすでに書く気満々だったということだ。

翌2月に新書出版企画が正式に社内認可されたとの連絡を受けたので、『読む・打つ・書く』の初校ゲラを戻したのち、3月11日から本格的に執筆を開始した。タイミングがよかったというのは、東大出版会の仕事がほぼ完了していたというだけではなく、その本の「読む」に特化した内容で河出新書の原稿を書けるにちがいないという何の根拠もない自信が私にはあったからだ。そして、4ヶ月半後の7月末にすべての原稿を書き終えた。したがって、本書『読書とは何か』は『読む・打つ・書く』の子孫本である。

このタイミングでなければ本書を書く機会は大幅にずれ込んでいたにちがいない。それを考えると、最初のオファーを標的に〝命中〟させた担当編集者の高野麻結子さんの〝狩人〟的な慧眼には感服するしかない。昨年来、新型コロナの大流行が日本でなお続いている現況では、対面で打ち合わせをすることはできない。そこで、本書の原稿のやりとりはすべてDropboxのファイル共有を通じて行った。各章の原稿が書き上がるたびに的確なコメントをいただくとともに原稿全体をチェックしていただいた高野さんと校閲担当者氏に深く感謝したい。

私は本書の他に別のふたつの出版社の単著企画も数年前から抱えている。それぞれ目次案はすでに出しているのだが、『読む・打つ・書く』と『読書とは何か』の執筆が入ったために一時的に〝塩漬け〟になったままだ。そろそろ〝書く書く詐欺〟の足を洗いますので、しばしお待ちを——筑摩書房とみすず書房の担当編集者さまへ。

いま、この謝辞を書いている研究室にはグスタフ・マーラーの交響曲〈大地の歌〉がBGMで流れている。中国の詩人たちの漢詩を踏まえた独唱付きのこの交響曲は、マーラーの楽曲の中でもとりわけ東洋的な雰囲気が漂う不思議な作品だ。〈大地の歌〉の第5楽章「春にありて酔える者」のドイツ語歌詞（テノール独唱）は李白の「春日酔起言志」が出典であると特定されている。ここはやはり李白がご専門の酔叟先生に三度お出ましいただいて、この「春日酔起言志」をじっくり読み解いていただくしかない。

處世若大夢　人の一生は長い夢のやうなものだ
胡爲勞其生　何もあくせくすることはない。
所以終日醉　だから終日酔うて

頽然臥前楹　ぐつたりと端居《はしゐ》して臥《ね》るのだ。
覺來眄庭前　目が覺めて庭前を見れば
一鳥花間鳴　一羽の鳥が花間に鳴いてゐる。
借問此何時　はて此れは何の季節だらう
春風語流鶯　春風が流鶯と話しあつてゐる。春だ。

感之欲嘆息　季節に感じて嘆息しかけたが
對酒還自傾　酒壺《とくり》に對《むか》へば又ひとりでに傾く。
浩歌待明月　大いに歌つて明月の上るを待たうとしたが
曲盡已忘情　歌曲が終ると、もう何にも彼《か》も忘れてしまつた。

（青木 1961, p.133）

プロローグの最後の文で、私は「朝から晩まで〝酔ふ〟代わりに、〝本の山〟に登攀して日がな一日〝讀む〟生活に耽る」という別の人生のあり方をみなさんに示した。本書を最後まで読み終えられた読者諸氏を前に、酔叟先生は私たちを荘子の言う〝大夢〟の現実人生にもう一度連れ戻そうとしている。酔叟先生、最後の大役をどうもありがとうございました。

Bibo, ergo sum

（我呑む。故に我有り）

加藤政洋 2020. 酒場の京都学. ミネルヴァ書房.
紀田順一郎 2011. 解説——釘の思想. pp.265-271 所収：西野嘉章 2011. 新版 装釘考. 平凡社［平凡社ライブラリー・741］.
三中信宏 2020.［書評］薄暗がりの現実と幻影——加藤政洋 2020. 酒場の京都学. ミネルヴァ書房. 読売新聞, 2020年3月29日掲載 https://www.yomiuri.co.jp/culture/book/review/20200328-OYT8T50128/
三中信宏 2021. 読む・打つ・書く——読書・書評・執筆をめぐる理系研究者の日々. 東京大学出版会.
西野嘉章 2000. 装釘考. 玄風舎.（再刊：西野嘉章 2011. 新版 装釘考. 平凡社［平凡社ライブラリー・741］）
西野嘉章 2009. 西洋美術書誌考. 東京大学出版会.
古川ロッパ［滝大作監修］1988. 古川ロッパ昭和日記・戦後篇（昭和20年—昭和27年）. 晶文社.

宮脇俊三［原武史（注・解説）］2008.「最長片道切符の旅」取材ノート．新潮社．
宮脇俊三取材ノート製作委員会（編）2013. 鉄道紀行・宮脇俊三取材ノート．誠文堂新光社．
山田慶兒（編）1984. 三浦梅園．中央公論社［中公バックス日本の名著・20］．
山田慶兒 1988. 黒い言葉の空間：三浦梅園の自然哲学．中央公論社．
山田慶兒 1995. 本草における分類の思想．所収：山田慶兒（編），東アジアの本草と博物学の世界（上）．思文閣出版，pp.1-42.
ラドウィック，マーティン・J・S［菅谷暁訳］2021. デヴォン紀大論争：ジェントルマン的専門家間での科学知識の形成．みすず書房．［原書：Martin J. S. Rudwick 1985. The Great Devonian Controversy: The Shaping of Scientific Knowledge among Gentlemanly Specialists. The University of Chicago Press, Chicago］
リマ，マニュエル［三中信宏監訳｜手嶋由美子訳］2018, The Book of Circles —— 円環大全：知の輪郭を体系化するインフォグラフィックス．ビー・エヌ・エヌ新社．［原書：Manuel Lima 2017. The Book of Circles: Visualizing Spheres of Knowledge. Princeton Architectural Press, New York］
Brooks, Katherine 2017. There's a Japanese word for people who buy more books than they can actually read. The Huffington Post, 23 April 2017. https://www.huffpost.com/entry/theres-a-japanese-word-for-people-who-buy-more-books-than-they-can-actually-read_n_58f79b7ae4b029063d364226. Accessed 16 July 2021.
Gerken, Tom 2018. Tsundoku: The art of buying books and never reading them. BBC News, 29 July 2018. https://www.bbc.com/news/world-44981013. Accessed 16 July 2021.
Hull, David L. 1988. Science as a Process: An Evolutionary Account of the Social and Conceptual Development of Science. The University of Chicago Press, Chicago.

エピローグ

青木正兒 1949. 華國風味．弘文堂．（再刊：青木正児 1984. 華国風味．岩波書店［岩波文庫・青 165-1］）
青木正兒 1962. 酒中趣．筑摩書房．（再刊：青木正児 1989. 酒の肴・抱樽酒話．岩波書店［岩波文庫・青 165-2］）
内田百閒 1955. 東京燒盡．大日本雄辯會講談社．
内田百閒 1982. 百鬼園戰後日記（上・下）．小澤書店．
袁枚［青木正児訳注］1980. 随園食単．岩波書店［岩波文庫・青 262-1］．

島田虔次・田口正治（校注）1982. 三浦梅園. 岩波書店［日本思想大系・41］.
スタール，フレデリック 2007. お札行脚. 国書刊行会［知の自由人叢書・第5回配本］.
瀬名秀明・橋本敬・梅田聡 2006. 境界知のダイナミズム. 岩波書店［フォーラム 共通知をひらく］.
田山花袋 2007a. 温泉めぐり. 岩波書店［岩波文庫 31-021-7］.［初版：改訂増補 温泉めぐり 1926，博文館］
田山花袋 2007b.［復刻版］田山花袋の日本一周（全3巻＋付録）. 東洋書院.［初版：1914 ～ 1916，博文館］
田山花袋（文）・小杉未醒（画）2018. 耶馬溪紀行. 中津玖珠日本遺産推進協議会復刻発行・増補改訂版. 図書出版のぶ工房.［初版：1927，實業之日本社］
坪井正五郎 2005. うしのよだれ. 国書刊行会［知の自由人叢書・第1回配本］.
永嶺重敏 2004.〈読書国民〉の誕生：明治30年代の活字メディアと読書文化. 日本エディタースクール出版部.
沼波瓊音 2006. 意匠ひろひ. 国書刊行会［知の自由人叢書・第4回配本］
バイヤール，ピエール［大浦康介訳］2008. 読んでいない本について堂々と語る方法. 筑摩書房.［原書：Pierre Bayard 2007. Comment paler des livres que l'on n'a pas lus? Les Éditions de Minuit, Paris］
松谷みよ子（編）1985 ～ 1996. 現代民話考（全12巻）. 立風書房.
三浦梅園研究所. 玄語電子データベース. http://baienspirit.jp/mapgengo/crizutaikei.html
三中信宏 2009. 分類思考の世界：なぜヒトは万物を「種」に分けるのか. 講談社.
三中信宏 2018a. 系統体系学の世界：生物学の哲学とたどった道のり. 勁草書房.
三中信宏 2018b. 統計思考の世界：曼荼羅で読み解くデータ解析の基礎. 技術評論社.
三中信宏 2018c. 監訳者解説：円環の花園――洋の東西をまたぐある図像世界の多様な展開. 所収：マニュエル・リマ［三中信宏監訳｜手嶋由美子訳］The Book of Circles ― 円環大全：知の輪郭を体系化するインフォグラフィクス. ビー・エヌ・エヌ新社，pp.266-271.
宮脇俊三 1978. 時刻表2万キロ. 河出書房新社.
宮脇俊三 1979. 最長片道切符の旅. 新潮社.
宮脇俊三 1980. 時刻表昭和史. 角川書店.［増補版：1997，角川書店］
宮脇俊三（編著）1995 ～ 2003. 鉄道廃線跡を歩く（全10巻）. JTBキャンブックス.

コラム3
潮田登久子 2017. ビブリオテカ：本の景色. 幻戯書房.
バエス，フェルナンド［八重樫克彦・八重樫由貴子訳］2019. 書物の破壊の世界史：シュメールの粘土板からデジタル時代まで. 紀伊國屋書店.
Camazine, Scott Jean-Louis Deneubourg, Nigel R. Franks, James Sneyd, Guy Theraulaz, and Eric Bonabeau 2001. Self-Organization in Biological Systems. Princeton University Press, Princeton.（スコット・カマジン，ジャン-ルイ・ドノブール，ナイジェル・R・フランクス，ジェームス・シュナイド，ギ・テロラ，エーリック・ボナボ著［松本忠夫・三中信宏共訳］2009. 生物にとって自己組織化とは何か：群れ形成のメカニズム. 海游舎）
Robinet, André 1955. Malebranche et Leibniz: Relations personnelles, présentées avec les textes completes des auteurs et de leurs correspondants revus, corrigés et inédits. Librairie Philosophique J. Vrin, Paris.

第4章
市島春城 2006. 春城師友録. 国書刊行会［知の自由人叢書・第3回配本］.
一柳廣孝 2020. 怪異の表象空間：メディア・オカルト・サブカルチャー. 国書刊行会.
伊藤龍平 2018. 何かが後をついてくる：妖怪と身体感覚. 青弓社.
井上円了（東洋大学井上円了記念学術センター編）2000. 妖怪学全集・第5巻. 柏書房.
植木朝子 2021. 虫たちの日本中世史：『梁塵秘抄』からの風景. ミネルヴァ書房［叢書〈知を究める〉・19］.
内田百閒 2003a. 第一阿房列車. 新潮社［新潮文庫・う-12-3］
内田百閒 2003b. 第二阿房列車. 新潮社［新潮文庫・う-12-4］
内田百閒 2004. 第三阿房列車. 新潮社［新潮文庫・う-12-5］
尾形純男 1982. 玄語図読図について. pp.673-679 所収：島田虔次・田口正治（校注）1982. 三浦梅園. 岩波書店.
尾形純男・島田虔次（編注訳）1998. 三浦梅園自然哲学論集. 岩波書店［岩波文庫・青 15-1］.
木原浩勝・中山市朗 1990. 新・耳・袋：あなたの隣の怖い話. 扶桑社.
木原浩勝・中山市朗 1998 ～ 2005. 新耳袋：現代百物語　第一夜～第十夜（全10巻）. メディアファクトリー.
斎藤昌三 2006. 少雨荘書物随筆. 国書刊行会［知の自由人叢書・第2回配本］.
酒井順子 2021. 鉄道無常：内田百閒と宮脇俊三を読む. 角川書店.

（著）｜ニコラ・ギルラ（データデザイン）［太田佐絵子訳］2020. 地図とグラフで見る第2次世界大戦. 原書房.
Elsner, Norbert（編）2000. Das ungelöste Welträtsel: Frida von Uslar-Gleichen und Ernst Haeckel [3 Bände]. Wallstein Verlag, Göttingen.
Genette, Gérard 1997. Paratexts: Thresholds of Interpretation. Cambridge University Press, Cambridge.（ジェラール・ジュネット［和泉涼一訳］2001. スイユ：テクストから書物へ. 水声社）
Gregg, John R. 1954. The Language of Taxonomy : An Application of Symbolic Logic to the Study of Classificatory Systems. Columbia University Press, New York.
Mulvany, Nancy C. 2005. Indexing Books, Second Edition. The University of Chicago Press, Chicago.
Nelson, Gareth and Platnick, Norman 1981. Systematics and Biogeography: Cladistics and Vicariance. Columbia University Press, New York.
Sekien, Toriyama [Translated and annotated by Hiroko Yoda and Matt Alt] 2016. Japandemonium Illustrated: The Yokai Encyclopedias of Toriyama Sekien. Dover Publications, New York.
Werner, Johannes（編）1927. Franziska von Altenhausen: Ein Roman aus dem Leben eines berühmten Mannes in Briefen aus 1898/1903. Verlag bei Koehler & Amelang, Leipzig.
Werner, Johannes（編）［Ida Zeitlin 訳］1930. The Love Letters of Ernst Haeckel, Written between 1898 and 1903. Harper & Brothers, New York.
Alfred N., Whitehead, and Bertrand Russell 1910-13. Principia Mathematica, Three Volumes. Cambridge University Press, Cambridge.
Woodger, Joseph Henry 1929. Biological Principles: A Critical Study. Routledge & Kegan Paul, London.
Woodger, Joseph Henry 1937. The Axiomatic Method in Biology, with Appendices by Alfred Tarski and W. F. Floyd. Cambridge University Press, Cambridge.
Woodger, Joseph Henry 1939. The Technique of Theory Construction. The University of Chicago Press, Chicago.
Woodger, Joseph Henry 1952. Biology and Language: An Introduction to the Methodology of the Biological Sciences Including Medicine (The Tarner Lectures 1949-50). Cambridge University Press, Cambridge.

画集（全8巻）．ソフトガレージ．
三中信宏 1985. 農業生物の分類における分岐分類学的方法に関する研究．東京大学大学院農学系研究科農業生物学専門課程博士論文.
三中信宏 2009. 分類思考の世界：なぜヒトは万物を「種」に分けるのか. 講談社.
三中信宏 2011.「本で学ぶ」ことを学ぶ．所収：「科学」編集部（編）『科学者の本棚：『鉄腕アトム』から『ユークリッド原論』まで』岩波書店，pp.29-32.
三中信宏 2014. Analytical Notes on Nelson and Platnick's Systematics and Biogeography (1981). http://leeswijzer.org/files/AnalyticalNotes.html
三中信宏 2015. みなか先生といっしょに 統計学の王国を歩いてみよう：情報の海と推論の山を越える翼をアナタに!．羊土社.
三中信宏 2017. 思考の体系学：分類と系統から見たダイアグラム論．春秋社.
三中信宏 2018a. 系統体系学の世界：生物学の哲学とたどった道のり．勁草書房.
三中信宏 2018b. 統計思考の世界：曼荼羅で読み解くデータ解析の基礎. 技術評論社.
三中信宏 2021. 鳥獣戯画の体系学——架空生物の分類と系統. 特集〈《鳥獣戯画》の世界〉，ユリイカ 2021 年 4 月号 ,pp.227-234.
三中信宏．租界〈R〉の門前にて——統計言語「R」との極私的格闘記録．http://leeswijzer.org/R/R-top.html
三中信宏・杉山久仁彦 2012. 系統樹曼荼羅：チェイン・ツリー・ネットワーク．NTT 出版.
ペソア，フェルナンド［近藤紀子訳］1999. ペソアと歩くリスボン．彩流社.
ペソア，フェルナンド［高橋都彦訳］2007. 不安の書．新思索社.
ペソア，フェルナンド［高橋都彦訳］2019. 不安の書【増補版】．彩流社.
ペレック，ジョルジュ［阪上脩訳］2000. 考える／分類する：日常生活の社会学．法政大学出版局.
ラング，アンドリュー［不破有理訳］1993. 書物と愛書家．図書出版社.
リマ，マニュエル［三中信宏訳］2015. The Book of Trees —— 系統樹大全：知の世界を可視化するインフォグラフィックス．ビー・エヌ・エヌ新社.
リマ，マニュエル［三中信宏監訳｜手嶋由美子訳］2018. The Book of Circles —— 円環大全：知の輪郭を体系化するインフォグラフィックス．ビー・エヌ・エヌ新社.
ロペズ，ジャン（監修）｜ヴァンサン・ベルナール，ニコラ・オーバン

山本義隆 2007. 一六世紀文化革命（1・2）．みすず書房.

山本義隆 2014. 世界の見方の転換（1・2・3）．第1巻：天文学の復興と天地学の提唱／第2巻：地動説の提唱と宇宙論の相克／第3巻：世界の一元化と天文学の改革．みすず書房.

Ogilvie, Brian W. 2006. The Science of Describing : Natural History in Renaissance Europe.The University of Chicago Press, Chicago.

コラム2

三中信宏・杉山久仁彦 2012. 系統樹曼荼羅：チェイン・ツリー・ネットワーク．NTT 出版.

Forlong, James G. R. 1883. Rivers of Life, or Sources and Streams of the Faiths of Man in All Lands; Showing the Evolution of Faiths from the Rudest Symbolisms to the Latest Spiritual Developments, 2 volumes with a chart. Bernard Quaritch, London.

第3章

伊藤龍平 2018. 何かが後をついてくる：妖怪と身体感覚．青弓社.

エーコ，ウンベルト［和田忠彦監訳｜柱本元彦・橋本勝雄・中山エツコ・土肥秀行訳］2003. カントとカモノハシ（上・下）．岩波書店．［原書：Umberto Eco 1997. Kant e l'ornitorinco. Bompiani, Milano］

カーソン，レーチェル［青樹簗一訳］1964. 生と死の妙薬：自然均衡の破壊者科学薬品．新潮社．［原書：Rachel Carson 1964. Silent Spring. Houghton Mifflin Company, Boston］

カラザース，メアリー［別宮貞徳監訳｜ 柴田裕之・家本清美・岩倉桂子・野口迪子・別宮幸徳］1997. 記憶術と書物：中世ヨーロッパの情報文化．工作舎．［原書：Mary Carruthers 1990. The Book of Memory:A Study of Memory in Medieval Culture. Cambridge University Press, Cambridge］

国立民族学博物館（監修）・山中由里子（編）2019. 驚異と怪異：想像界の生きものたち．河出書房新社.

杉浦貴美子 2016. 地図趣味。．洋泉社.

鳥山石燕［高田衛監修｜稲田篤信・田中直日編］1992. 画図百鬼夜行．国書刊行会.

中村雄祐 2009. 生きるための読み書き：発展途上国のリテラシー問題．みすず書房.

本渡章 2018. 鳥瞰図！ 140B.

松田隆美 2010. ヴィジュアル・リーディング：西洋中世におけるテクストとパラテクスト．ありな書房.

水木しげる 1998-1999. 妖鬼化《むじゃら》：水木しげる作画活動50周年記念出版原

古川ロッパ［滝大作監修］1987b. 古川ロッパ昭和日記・戦中篇（昭和16年 — 昭和20年）. 晶文社.
古川ロッパ［滝大作監修］1988. 古川ロッパ昭和日記・戦後篇（昭和20年 — 昭和27年）. 晶文社.
古川ロッパ［滝大作監修］1989. 古川ロッパ昭和日記・〔補巻〕晩年篇（昭和28年 — 昭和35年）. 晶文社.
三浦慎悟 2018. 動物と人間：関係史の生物学. 東京大学出版会.
三中信宏 1997. 生物系統学 . 東京大学出版会
三中信宏 1999.［書評］西村三郎 1999. 文明のなかの博物学：西欧と日本（上・下）. 紀伊國屋書店 http://leeswijzer.org/files/NaturalHistoryInCulture.html
三中信宏 2003- 現在 . 日録 — dagboek voor mijn onderzoekingsleven. http://leeswijzer.org/diary.html
三中信宏 2004.［書評］磁力と重力の発見（1・2・3）. みすず書房 http://leeswijzer.org/files/physics-history.html
三中信宏 2005- 現在 . 本録 — leeswijzer: een nieuwe leeszaal van dagboek. https://leeswijzer.hatenadiary.com/
三中信宏 2007.［書評］山本義隆 2007. 一六世紀文化革命（1・2）. みすず書房 https://leeswijzer.hatenadiary.com/entry/20070823/1187877374
三中信宏 2019.［書評］密接な関係を見直す——三浦慎悟『動物と人間：関係史の生物学』東京大学出版会. 読売新聞書評（2019年2月24日）https://www.yomiuri.co.jp/culture/book/review/20190223-OYT8T50189/
三中信宏 2021. 読む・打つ・書く——読書・書評・執筆をめぐる理系研究者の日々. 東京大学出版会.
三中信宏 2021b.［書評］三浦慎悟『動物と人間：関係史の生物学』登攀記録（2019年1月～2月）https://leeswijzer.hatenadiary.com/entry/2021/05/26/050544
西村三郎 1974. 日本海の成立：生物地理学からのアプローチ. 築地書館.
西村三郎 1981. 地球の海と生命：海洋生物地理学序説. 海鳴社.
西村三郎 1989. リンネとその使徒たち：探検博物学の夜明け. 人文書院.
西村三郎 1999. 文明のなかの博物学：西欧と日本（上・下）. 紀伊國屋書店.
山内志朗 1992. 普遍論争：近代の源流としての. 哲学書房.
山本一生 2014. 哀しすぎるぞ、ロッパ：古川緑波日記と消えた昭和. 講談社.
山本義隆 2003. 磁力と重力の発見（1・2・3）. 第1巻：古代・中世／第2巻：ルネサンス／第3巻：近代の始まり. みすず書房.

コラム1
通崎睦美 2020.［書評］南陀楼綾繁・書物蔵・鈴木潤・林哲夫・正木香子 2020. 本のリストの本．創元社．読売新聞2020年11月15日掲載 https://www.yomiuri.co.jp/culture/book/review/20201114-OYT8T50104/
三中信宏 2021. 読む・打つ・書く——読書・書評・執筆をめぐる理系研究者の日々．東京大学出版会.

第2章
網谷祐一 2020. 種を語ること、定義すること：種問題の科学哲学．勁草書房.
エーコ，ウンベルト［河島英昭訳］1990. 薔薇の名前（上・下）．東京創元社．［原書：Umberto Eco 1980. Il nome della rosa. Bompiani, Milano］
エーコ，ウンベルト 1993. テクストの過剰解釈．pp.65-97 所収：ステファン・コリーニ（編）［柳谷啓子・具島靖訳］1993. エーコの読みと深読み．岩波書店．［原書：Umberto Eco 1992. Overinterpreting texts,pp.45-66, Stefan Collini (ed.), Interpretation and Overinterpretation. Cambridge University Press, Cambridge］
エーコ，ウンベルト［和田忠彦監訳｜柱本元彦・橋本勝雄・中山エツコ・土肥秀行訳］2003. カントとカモノハシ（上・下）．岩波書店．［原書：Umberto Eco 1997. Kant e l'ornitorinco. Bompiani, Milano］
大屋幸世 2001a. 蒐書日誌 一．皓星社.
大屋幸世 2001b. 蒐書日誌 二．皓星社.
大屋幸世 2002. 蒐書日誌 三．皓星社.
大屋幸世 2003. 蒐書日誌 四．皓星社.
ソーバー，エリオット［森元良太訳］2021. オッカムのかみそり：最節約性と統計学の哲学．勁草書房．［原書：Elliott Sober 2015. Ockham's Razors:A User's Manual. Cambridge University Press, Cambridge］
バイヤール，ピエール［大浦康介訳］2008. 読んでいない本について堂々と語る方法．筑摩書房．［原書：Pierre Bayard 2007. Comment paler des livres que l'on n'a pas lus? Les Éditions de Minuit, Paris］
フランクリン，ジェームズ［南條郁子訳］2018.「蓋然性」の探求：古代の推論術から確率論の誕生まで．みすず書房．［原書：James Franklin 2001. The Science of Conjecture: Evidence and Probability before Pascal. The Johns Hopkins University Press, Baltimore］
古川ロッパ［滝大作監修］1987a. 古川ロッパ昭和日記・戦前篇（昭和9年 — 昭和15年）．晶文社.

Lima, Manuel 2017. The Book of Circles: Visualizing Spheres of Knowledge. Princeton Architectural Press, New York.（マニュエル・リマ［三中信宏監訳｜手嶋由美子訳］2018. The Book of Circles――円環大全：知の輪郭を体系化するインフォグラフィックス．ビー・エヌ・エヌ新社）
Moretti, Franco 2005. Graphs, Maps, Trees: Abstract Models for a Literary History. Verso, London.
モレッティ，フランコ［秋草俊一郎・今井亮一・落合一樹・高橋知之訳］2016. 遠読：〈世界文学システム〉への挑戦．みすず書房．［原書：Franco Moretti 2013. Distant Reading.Verso, London］
Darwin, Charles 1859. On the Origin of Species by Means of Natural Selection, or the Preservation of Favoured Races in the Struggle for Life. John Murray, London. [Biodiversity Heritage Library: https://doi.org/10.5962/bhl.title.82303]
Darwin, Charles 1872. The Origin of Species by Means of Natural Selection, or the Preservation of Favoured Races in the Struggle for Life. Sixth Edition. John Murray, London. [Biodiversity Heritage Library: https://doi.org/10.5962/bhl.title.61216]
Darwin, Charles [James T. Costa 註] 2009. The Annotated Origin: A Facsimile of the First Edition of On the Origin of Species. Harvard University Press, Cambridge.
Darwin, Charles [Ben Fry 編] 2015. On the Origin of Species: The Preservation of Favoured Traces. Fathom Information Design, Boston.
Fry, Ben 2009. The Preservation of Favoured Traces. https://fathom.info/traces/
Fry, Ben 2016. Specious. https://benfry.com/specious/
Ghiselin, Michael T. 1969. The Triumph of the Darwinian Method. University of California Press, Berkeley.
Posavec, Stefanie 2008. Writing Without Words. http://www.stefanieposavec.com/writing-without-words
Wattenberg, Martin and Fernanda B. Viégas 2007. Word Tree. http://hint.fm/projects/wordtree/
Wattenberg, Martin and Fernanda B. Viégas 2008. The Word Tree, an Interactive Visual Concordance. IEEE Transactions on Visualization and Computer Graphics, 14 (6): 1221-1228
van Wyhe, John (ed.) 2002-現在. The Complete Work of Charles Darwin Online. http://darwin-online.org.uk/

文献リスト［各章和英別］

プロローグ

青木正兒 1961. 中華飲酒詩選．筑摩書房．（再刊：青木正児 2008. 中華飲酒詩選．平凡社［東洋文庫・773］）

櫻井正一郎 2017. 京都学派 酔故伝．京都大学学術出版会［学術選書・083］．

第１章

北村雄一 2009. ダーウィン『種の起源』を読む．化学同人．

三中信宏 2017. 思考の体系学：分類と系統から見たダイアグラム論．春秋社．

三中信宏 2018. 系統体系学の世界：生物学の哲学とたどった道のり．勁草書房．

三中信宏 2021. 読む・打つ・書く――読書・書評・執筆をめぐる理系研究者の日々．東京大学出版会．

三中信宏・杉山久仁彦 2012. 系統樹曼荼羅：チェイン・ツリー・ネットワーク．NTT 出版．

Darwin, Charles 1964. On the Origin of Species: A Facsimile of the First Edition. Harvard University Press, Cambridge（チャールズ・ダーウィン［渡辺政隆訳］2009. 種の起源［上・下］．光文社［光文社古典新訳文庫］）

Ginzburg, Carlo 1979. Spie. Radici di un paradigma indiziario. pp.59-106 in: Aldo G. Gargani (ed.), Crisi della ragione: Nuovi modelli nel rapporto tra sapere e attività umane. Giulio Einaudi editore, Torino.［Reprint: Carlo Ginzburg 1986. Miti, emblemi, spie: morphologia e storia. Giulio Einaudi editore, Torino（カルロ・ギンズブルグ［竹山博英訳］1988. 神話・寓意・徴候，せりか書房）

Ingold, Tim 2007. Lines: A Brief History. Routledge, London.（ティム・インゴルド［工藤晋訳］2014. ラインズ：線の文化史．左右社）

Kerouac, Jack 1957. On the Road. Viking Press, New York.（ジャック・ケルアック［青山南訳］2007. オン・ザ・ロード．河出書房新社）

Kertész, André 1971. On Reading. W. W. Norton, New York.（アンドレ・ケルテス［渡辺滋人訳］2013. 読む時間．創元社）

Lima, Manuel 2014. The Book of Trees: Visualizing Branches of Knowledge. Princeton Architectural Press, New York.（マニュエル・リマ［三中信宏訳］2015. The Book of Trees――系統樹大全：知の世界を可視化するインフォグラフィックス．ビー・エヌ・エヌ新社）

事項索引

人名索引［和英別］

書名索引［和英別］

河出新書 046

読《どく》書《しょ》とは何《なに》か
知《ち》を捕《と》らえる15の技術《ぎじゅつ》

二〇二二年一月二〇日　初版印刷
二〇二二年一月三〇日　初版発行

著　者　三《み》中《なか》信《のぶ》宏《ひろ》
発行者　小野寺優
発行所　株式会社河出書房新社
〒一五一-〇〇五一　東京都渋谷区千駄ヶ谷二-三二-二
電話　〇三-三四〇四-一二〇一［営業］／〇三-三四〇四-八六一一［編集］
https://www.kawade.co.jp/

マーク　tupera tupera
装　幀　木庭貴信（オクターヴ）
印刷・製本　中央精版印刷株式会社

Printed in Japan　ISBN978-4-309-63147-9

一日一考　日本の政治

原 武史
Hara Takeshi

毎日ひとつ、366人の言葉から
この国の政治とは何かを考える。
政治家や研究者のみならず、
作家、宗教家、無名の庶民まで。
歴史の深い闇に埋もれた言葉の数々は、
私たちの日常を読み解く鍵となる。

ISBN978-4-309-63133-2

河出新書
032

挑発する少女小説

斎藤美奈子
Saito Minako

『小公女』『若草物語』『ハイジ』『赤毛のアン』
『あしながおじさん』『大草原の小さな家』等々。
あの名作にはいったい何が書かれていたのか——?
いまあらためて知る、戦う少女たちの物語。

ISBN978-4-309-63134-9

河出新書
033

この30年の小説、ぜんぶ

読んでしゃべって社会が見えた

高橋源一郎　斎藤美奈子
Takahashi Genichiro　Saito Minako

平成から令和にかけて行われた
本をめぐる白熱の対話から、
日本社会の深層が浮かび上がる。
思いもよらない解釈、意外な作品との繋がり……
驚きと発見に満ちた、忖度なしの対談集！

ISBN978-4-309-63145-5

河出新書
043